PAPA FRANCESCO
con LUIGI MARIA EPICOCO

SAN GIOVANNI PAOLO MAGNO

SAN PAOLO

Piazza Soncino, 5 - 20092 Cinisello Balsamo (Milano)
www.edizionisanpaolo.it
Distribuzione: Diffusione San Paolo s.r.l.
Piazza Soncino, 5 - 20092 Cinisello Balsamo (Milano)

ISBN 978-88-922-2168-0

PREFAZIONE

Nelle diverse familiari conversazioni a voce con il Santo Padre, nell'arco dei mesi giugno 2019 – gennaio 2020, il tema principale è stata la figura di san Giovanni Paolo II, che appare sempre più poliedrica col passare del tempo. Celebrando quest'anno il centesimo anniversario della sua nascita, papa Wojtyła appare davvero "Wojtyła il Grande" e si comprende il motivo per cui il popolo riunito in piazza San Pietro nel giorno del suo funerale abbia gridato: "Santo subito!".

Spesso, in queste confidenziali conversazioni, il discorso ha toccato anche alcuni aspetti che interessano tutta la Chiesa. Vi è stata pure la provvidenziale opportunità di raccogliere preziosi frammenti autobiografici di papa Francesco.

Se le domande hanno, in genere, un orizzonte ampio, le risposte del Santo Padre si presentano pertinenti, sincere e incisive, e lasciano intravedere la sua sorprendente libertà interiore, coniugata con un coraggio disarmante e con un'autentica francescana semplicità.

Da un punto di vista stilistico, le risposte conservano la freschezza del dialogo e il sapore della lingua parlata.

Affinché "nulla vada perduto", raccogliamo queste briciole, "i pezzi avanzati" (Gv 6,12), del grande pane moltiplicato per tutti dal Magistero di papa Francesco. È un insegnamento aver permesso di frugare nel suo cuore e nella sua mente.

Don Luigi Maria Epicoco
Roma, 2 febbraio 2020
Festa della Presentazione del Signore al Tempio

I

“SU DI TE EDIFICHERÒ LA MIA CHIESA”

La vita di un Papa si può sempre dividere in due grandi tempi. Il primo tempo riguarda tutto ciò che è accaduto ed è stato di lui prima dell'elezione a Sommo Pontefice, il secondo la sua vita da Pietro, da successore del Principe degli Apostoli.

In fondo è stato così anche per il primo Pietro della storia: prima di incontrare Gesù era semplicemente Simone, figlio di Giona, pescatore della Galilea, ma dopo l'incontro decisivo con Cristo, quest'uomo è letteralmente trasformato, non è più semplicemente un pescatore. È diventato, secondo le parole di Gesù, *un pescatore di uomini*, è diventato cioè colui che con il tempo imparerà a essere: pietra, parola nascosta nel nome nuovo che Gesù gli dà, quando rivolgendosi in un dialogo a tu per tu gli dice: «*Tu sei Pietro, su questa pietra edificherò la mia Chiesa e le potenze degli inferi non prevarranno mai contro di essa*» (Mt 16,16).

Ogni uomo può mettere innanzitutto e soltanto la propria umanità e la propria fragilità, come pegno del proprio rapporto con Dio. Ma Dio, da parte sua, mette la sua affidabilità, la sua misericordia, il suo amore, la sua fede. È proprio dell'amore di Dio rendere la debolezza di un uomo roccia su cui fondare una storia nuova, una storia di salvezza.

Le caratteristiche umane di Pietro contano tantissimo, ma non sono il motivo per cui Gesù sceglie quest'uomo. La vocazione di ciascuno di noi è sempre misteriosa, nessuno di noi può scoprire fino in fondo il motivo per cui è nato, per cui si porta addosso quella storia specifica, per cui è ciò che è, con il nome proprio delle sue ferite, dei propri talenti, delle proprie potenzialità. Ognuno di noi è scelto ed è amato, ed è questa la base vocazionale della vita di ciascuno, ciò che fa di un uomo un capolavoro, cioè un santo.

San Giovanni Paolo II ha avuto una storia difficile, fatta di momenti di grande sofferenza, di perdite significative, eppure, su quella storia difficile e dolorosa, Dio stava scrivendo un'altra storia che, con il tempo, sarebbe emersa con evidenza non soltanto davanti agli occhi di questo giovane ragazzo polacco, ma davanti agli occhi di tutti gli uomini del mondo; avrebbe fatto di chi aveva perduto la madre da bambino, il fratello appena adolescente e il padre appena ventenne, l'uomo che per quasi trent'anni sarebbe diventato egli stesso padre di una moltitudine di uomini e donne sparse per il mondo.

Di questa storia non possiamo dire tutto in queste pagine, in questa nostra conversazione, ma la vicenda personale di Giovanni Paolo II è abbastanza conosciuta, per questo ci limiteremo semplicemente a sottolineare alcuni momenti decisivi della vita di quest'uomo. E forse la prima cosa che dobbiamo fare è proprio tornare al 6 agosto del 1978 quando, alle 21.30, si spegneva nella Residenza estiva di Castel Gandolfo papa Paolo VI, anch'egli oggi santo. Papa Montini aveva guidato la Chiesa in un momento difficilissimo: a lui era toccato in sorte di dover chiudere il Concilio Vaticano II e di cominciare quella grande stagione post-conciliare che, invece di far emergere immediatamente la potenza della primavera dello Spirito, portò innanzitutto molta sofferenza al Pontefice, una grande fatica nel riuscire ad assestare quei cambiamenti che il mondo reclamava alla Chiesa, mentre la Chiesa, per fedeltà al Vangelo, cercava in ogni modo di collocarsi in una maniera nuova senza mai però tradire il messaggio di Cristo.

Paolo VI è stato un uomo riservato, ma con una grandissima capacità intuitiva, una genialità intellettuale, una chiarezza spirituale, un'intuizione profetica riguardo a quelle che sarebbero state poi le grandi sfide della Chiesa negli anni successivi. Potremmo quasi dire che tutti i Papi venuti dopo Paolo VI hanno potuto raccogliere il grande e faticoso lavoro che questo Santo Papa ha fatto per il bene di tutti. Aveva servito la Chiesa per quindici anni e quarantasei giorni.

Sappiamo dalle cronache che, al cardinal Wojtyła, la notizia della morte del Pontefice giunse come una sorpresa in mezzo a una vacanza. Era il mese di agosto del 1978. Il mattino dell'11 agosto, con il Primate di Polonia, il cardinal Stefan Wyszyński, Wojtyła andrà a Roma assieme a un gruppo stretto di collaboratori.

La morte di Paolo VI aveva sorpreso l'intero mondo, eppure il giorno dei suoi funerali ci sono soltanto centomila fedeli a fare da corona: un numero esiguo rispetto all'importanza della figura di questo Papa. Bisogna dire però che a Roma fa un caldo torrido e che, proprio in agosto, i romani sono fuori città, a cercare il fresco al mare, fra le montagne, lasciando la città eterna soprattutto alle passeggiate dei turisti. Nelle congregazioni, convocate ogni mattina alle 11.00, i cardinali parlano della successione di Paolo VI, non fanno nomi, limitandosi semplicemente a tracciare il profilo dell'uomo più adatto ad affrontare i problemi della Chiesa.

Ma ci sono anche riunioni informali, il pomeriggio, la sera, e si creano veri e propri gruppi che prendono in considerazione l'una o l'altra ipotesi di elezione. Coincidenza vuole che anche Karol Wojtyła partecipi a qualcuno di questi incontri, proprio alla presenza del cardinale Albino Luciani, Patriarca di Venezia, che pare sostenere la candidatura di un prelato straniero, il brasiliano Lorscheider. Il cardinale polacco Wojtyła, invece, è più su una linea tradizionale, prediligendo la scelta di un candidato italiano, soprattutto perché il Pontefice ha anche il ruolo di vescovo di Roma. Qualcuno, forse un po' troppo audacemente, maldestramente, durante la Messa mattutina del 24 agosto, a cui partecipa nel collegio dove risiede lo stesso cardinal Wojtyła, prega affinché il successore di Pietro sia proprio l'arcivescovo di Cracovia. Tutti rispondono meccanicamente a quella preghiera, dicendo: "*Signore, te ne preghiamo*". Karol Wojtyła rimane sereno, in silenzio e alla fine della Messa aggiunge alcune parole significative: "*Preghiamo. Ricordiamo la Parola di Pietro: 'Stai lontano da me o Signore perché sono un peccatore'. Preghiamo, perché il successore di Pietro dia prova della sua stessa pietà. Se si elegge un uomo che non se ne ritiene capace, dagli o Signore il coraggio di dire, come ha fatto san Pietro 'Stai lontano da me perché sono un peccatore', ma se accetta, infondigli sufficiente Fede, Speranza e Amore perché possa portare la croce che metterai sulle sue spalle. Signore, te ne preghiamo*".

Il conclave ha inizio il 25 agosto alle 16.30. Il caldo a Roma è soffocante. Pare che nelle celle della Cappella Sistina, che sono a disposizione dei cardinali elettori, la temperatura superi i 34 gradi.

Tutti sono convinti che il conclave sarà lungo e complicato e, invece, con sorpresa immensa, già la domenica gli elettori hanno scelto al quarto scrutinio il cardinale Albino Luciani, Patriarca di Venezia, di 67 anni. Il suo nome era stato proposto dal vecchio cardinal Confalonieri e dal giovane cardinale Benelli. Pare che la sua sia stata un'elezione quasi all'unanimità (98 voti su 111).

C'è una gioia generale che fa passare quasi sotto silenzio un'espressione che il cardinal Luciani pronuncia subito dopo la proclamazione del risultato: "*Possa Dio perdonarvi per quello che avete fatto*".

Anche il cardinal Wojtyła esce con un evidente volto gioioso da quel veloce consesso che aveva eletto Giovanni Paolo I.

I tempi record del conclave permettono a Wojtyła di prendersi qualche tempo di libertà. Prima è ricevuto il 30 agosto da Giovanni Paolo I, poi, assieme ad alcuni amici, va a Torino a venerare la Sacra Sindone, dopo di che rientra a Roma per la celebrazione del venticinquesimo anniversario della consacrazione del cardinale americano John Krol e, soprattutto, per partecipare alla cerimonia di inizio pontificato di Giovanni Paolo I, il 3 settembre.

"*Abbiamo eletto un Papa straordinario*", commenterà Wojtyła a Varsavia, il 5 settembre successivo. Sembra che la scelta del conclave abbia pienamente realizzato le sue speranze, forse perché Albino Luciani è uno straordinario uomo di fede, un pastore capace di semplicità, di essenzialità, di comprensibilità e, soprattutto, una persona che ha dimostrato fin dall'inizio di avere dolcezza, modestia, fermezza. Ma la gioia dura poco. Il mattino del 29 settembre, mentre il cardinal Wojtyła sta facendo colazione alla cucina del piano terra del palazzo arcivescovile, all'improvviso irrompe nella stanza il suo autista, che ha appena sentito alla radio la notizia che Giovanni Paolo I è morto. L'arcivescovo di Cracovia, silenzioso, si ritira in cappella a pregare.

Il 3 ottobre parte in aereo per Roma senza il primate Wyszyński, che lo raggiungerà in seguito e, dopo aver pregato davanti alle spoglie del Papa defunto, partecipa l'indomani alla prima celebrazione funebre in suffragio del Papa del sorriso, papa Luciani.

L'8 ottobre, nell'omelia che pronuncia nella chiesa polacca di Roma, Wojtyła dice parole profondamente significative: "*Ogni volta che Cristo dice a un uomo vieni, seguimi, chiede quello che ha chiesto a Pietro dopo la resurrezione 'Non mi ami forse più di quanto tu ami costoro?'. L'uomo, allora, può soltanto tremare nel profondo del cuore. Pietro tremava in cuor suo, proprio come Albino Luciani prima di assumere il nome di Giovanni Paolo I.*

Ricevendo un ordine così impegnativo, chiunque non può non tremare e Cristo dice a Pietro: 'Quando eri più giovane ti cingevi da solo e andavi dove volevi, ma quando sarai vecchio tenderai la mano e qualcun altro ti cingerà e ti porterà dove non vorrai andare'. Parole misteriose, enigmatiche, l'ordine che Cristo ingiunge a Pietro ha un duplice significato: è un invito a servire e un invito a morire".

Il secondo conclave del '78, quello che porterà all'elezione di Karol Wojtyła, inizia solennemente il 14 ottobre, alle 16.30. I candidati naturali di questo conclave sono gli italiani Siri e Benelli ma, dopo le prime votazioni, entrambi non riescono a raggiungere la maggioranza dei due terzi necessaria per l'elezione. La domenica mattina c'è il quarto scrutinio, in cui sembra che le preferenze si siano spostate verso il cardinale Pericle Felici, ma anch'egli non raggiunge la maggioranza necessaria. A pranzo, la situazione critica sembra sbloccarsi. È il cardinale Narciso Arnau, vescovo di Barcellona, che ad alta voce esalta i meriti dell'arcivescovo di Cracovia, assicurandogli il sostegno suo e dei confratelli latinoamericani. Questo intervento è determinante, insieme a quello di König, un por-

porato amico di vecchia data di Wojtyła: questi si china verso di lui e gli cita un versetto di san Giovanni (11,28): "*Dominus adest et vocat te*", "*Il Signore è qui e ti chiama*". Wojtyła lo ascolta in silenzio. Nelle ore successive gli si avvicina il cardinal Wyszyński a confortarlo e a convincerlo a non tirarsi indietro in caso di elezione. Il settimo turno conferma la svolta: diminuiscono i voti per gli italiani e crescono quelli per il cardinal Wojtyła. Il risultato dell'ultima votazione appare scontato. Wojtyła prega, ma ha il volto nascosto tra le mani e, mentre viene letto il suo nome ad alta voce, non appena i voti raggiungono i due terzi necessari, nella cappella si alza un interminabile scroscio di applausi. Sono le 17.20. Wojtyła ha il volto bagnato dalle lacrime, ma accetta con la formula latina l'elezione canonica al pontificato. Sceglierà il nome di Giovanni Paolo II.

Tra coloro che hanno partecipato alla votazione e hanno applaudito a quell'inaspettato esito, c'è un giovane cardinale tedesco, Joseph Ratzinger, che quasi trent'anni dopo prenderà in mano il testimone di Pietro e guiderà la Chiesa per otto intensi anni, fino a quel gesto clamoroso e anch'esso inaspettato della sua rinuncia l'11 febbraio 2013.

E invece il 16 ottobre del 1978 dov'era e cosa stava facendo l'allora giovane gesuita Jorge Mario Bergoglio?

Ricordo che ero in macchina. Guidavo dalla Facoltà di Teologia al Noviziato San Michele. La distanza non è grande, solo quattro chilometri. Ho sentito il nome di Wojtyła, e ho pensato a un Papa africano. Poi mi hanno detto che era polacco.

Non aveva mai conosciuto o avuto rapporti prima con il cardinale di Cracovia?

Mai.

Santità, qual è stata l'impressione che ha avuto sapendo dell'elezione di un Papa non italiano dopo quasi cinquecento anni?

Ho sentito le sue prime parole e ho avuto una sensazione molto buona. E questa impressione si è rafforzata subito dopo, quando mi hanno detto che era stato un cappellano universitario, un professore di filosofia, uno scalatore di montagna, uno sciatore, uno sportivo, un uomo che pregava molto. Mi è piaciuto tanto. Ho sentito subito una grande simpatia per lui.

Che ruolo ricopriva Lei all'epoca nella Chiesa?

Ero Provinciale dei Gesuiti. E lo sono stato fino al gennaio dell'"80.

Torniamo ancora per un istante a quella sera di ottobre del 1978. Papa Giovanni Paolo II pronuncia poche parole, ma straordinariamente significative. Rompe la prassi del protocollo, che imponeva solo un saluto e la benedizione, ma nessun discorso. Tra quelle frasi pronunciate con un italiano non perfetto, Giovanni Paolo II si guadagna subito l'affetto di tutti: "Ed ecco che i venerabili cardinali hanno chiamato un nuovo vescovo di Roma... Lo hanno chiamato di un paese... lontano... (la folla applaude)... lontano, ma sempre vicino per la comunione nella fede e la tradizione cristiana". Sappiamo da un'intervista rilasciata in seguito ad André Frossard che, nel pronunciare la parola "lontano", Giovanni Paolo II pensava anche a Pietro, arrivato dalla Galilea. Anche Lei, Santo Padre, ha usato parole simili: "Voi sapete che il dovere del conclave era di dare un vescovo a Roma. Sembra che i miei fratelli cardinali siano andati a prenderlo quasi alla fine del mondo... ma siamo qui... Vi ringrazio dell'accoglienza". Aveva pensato a lui nel pronunciare queste parole?

In realtà no. Innanzitutto perché non immaginavo di essere eletto, non ci pensavo. Molti dicono che nel conclave del 2005 avevo preso diversi voti. Ma la verità è che il Papa giusto in quel momento era Ratzinger. Io ne ero convinto e l'ho sostenuto. Nel conclave del 2013 mi reputavo già un vescovo in pensione che non correva nessun rischio. Per questo non avevo pensato a nulla di questo. Così, subito dopo la mia elezione, dopo aver indossato la talare bianca, dovevo uscire al balcone e mi sono domandato: cosa dirò alla gente? Mi ricordavo quello che mi aveva detto poche ore prima il cardinal Errázuriz, ma a cui non avevo dato peso. Siamo andati a pregare alla Cappella Paolina con due accompagnatori che ho chiamato personalmente, contro il protocollo. Al cardinal Vallini ho detto: "*Ma lei è il vicario, venga con me*", e al mio amico, il cardinal Hummes, quello che mi ha detto: "*Non dimenticarti dei poveri*", ho chiesto: "*Accompagnami*". E con loro due siamo andati a pregare. Lì mi è venuta l'idea di dire che il conclave aveva scelto un nuovo vescovo di Roma, fare un ricordo di Benedetto, e poi: "*Andiamo insieme*". L'espressione "*della fine del mondo*" mi è venuta spontanea in quel momento, mentre ero affacciato alla loggia di San Pietro.

Cosa Le aveva detto il cardinal Errázuriz, a cui non aveva dato peso?

Quella mattina erano successi alcuni episodi che non mi avevano particolarmente preoccupato ma che comunque mi avevano dato da pensare solo più tardi. Innanzitutto il cardinal Ortega y Alamino mi aveva chiesto il testo che avevo pronunciato durante una delle riunioni ufficiali dei cardinali in quei giorni. In realtà non avevo scritto nulla, ho cercato di ricordare a mente le parole e le ho riscritte a mano. Gliel'ho portato, quando siamo tornati prima di pranzo, gli ho detto "*Prendi, l'ho fatto a mano*". Lui dice: "*Oh che bello, così mi porto un ricordo del Papa*". Gli ho risposto: "*Non scherzare*".

[In seguito il cardinale Ortega aveva reso noto durante un'intervista lo stesso racconto del Papa, consegnando anche copia del biglietto autografo del futuro pontefice. Questo appunto risulta significativo per quei temi tanto cari a papa Francesco negli anni successivi:

1) "Evangelizzare implica zelo apostolico. Evangelizzare presuppone nella Chiesa la 'parresia' (il termine greco in senso letterale vuol dire 'libertà di dire tutto', ndr) di uscire da se stessa. La Chiesa è chiamata a uscire da se stessa e ad andare verso le periferie, non solo quelle geografiche, ma anche quelle esistenziali; quelle del mistero del peccato, del dolore, dell'ingiustizia, quelle dell'ignoranza e della fede, quelle del pensiero, quelle di ogni forma di miseria".

2) "Quando la Chiesa non esce da se stessa per evangelizzare diviene autoreferenziale e allora si ammala (si pensi alla donna curva su se stessa del Vangelo secondo Luca). I mali che, nel trascorrere del tempo, affliggono le istituzioni ecclesiastiche hanno una radice nell'autoreferenzialità, in una sorta di narcisismo teologico. Nell'Apocalisse, Gesù dice che Lui sta sulla soglia e chiama. Evidentemente il testo si riferisce al fatto che Lui sta fuori dalla porta e bussa per entrare... Però a volte penso che Gesù bussi da dentro, perché lo lasciamo uscire. La Chiesa autoreferenziale pretende di tenere Gesù Cristo dentro di sé e non lo lascia uscire".

3) "La Chiesa, quando non è autoreferenziale, senza rendersene conto, crede di avere luce propria; smette di essere il mysterium lunae (della luce riflessa, ndr) e dà luogo a quel male così grave che è la mondanità spirituale (è il male peggiore in cui può incorrere la Chiesa secondo De Lubac, un teologo del '900, fatto cardinale da Giovanni Paolo II, ndr); quel vivere per darsi gloria gli uni con gli altri. Semplificando, ci sono due immagini di Chiesa: la Chiesa evangelizzatrice che esce da se stessa; quella del 'Dei Verbum religiose audiens et fidenter proclamans' ('la Chiesa che religiosamente ascolta e fedelmente proclama la parola di Dio', ndr), o la Chiesa mondana che vive in sé, da sé, per sé. Questo deve illuminare i possibili cambiamenti e riforme da realizzare per la salvezza delle anime".

4) "Pensando al prossimo Papa: un uomo che con la contemplazione di Gesù Cristo e l'adorazione di Gesù Cristo aiuti la Chiesa a uscire da se stessa verso le periferie esistenziali, che la aiuti a essere madre feconda che vive "della dolce e confortante gioia di evangelizzare"].

Dopo aver consegnato questo appunto, prendo l'ascensore per scendere al secondo piano e al quarto entra il cardinal Errázuriz e mi dice: *"Sbrigati a preparare il discorso!".*
"Quale?".
"Quello che dovrai dire al balcone".
"Dai non scherzare!".
Poi, a pranzo, mentre cercavo un posto dove sedermi, subito mi chiamarono: "*Venga Eminenza, venga con noi*", erano cardinali europei che io non conoscevo. Durante il pranzo mi fecero molte domande sull'America Latina, e sulla Chiesa. Poi andammo a riposare e posso assicurare che ho riposato benissimo. Nel pomeriggio siamo tornati a votare, io avevo

dimenticato un po' questi episodi e mi ero intrattenuto a parlare con il cardinal Ravasi sul libro di Giobbe. Durante la prima votazione ho capito che il pericolo era davvero serio. Nella seconda votazione sono stato eletto.

Cosa provava in quei momenti, mentre sentiva pronunciare il suo nome durante lo spoglio?

Ricordo che pregavo il Rosario e sentivo una grande pace. È una pace che mi accompagna da allora fino a oggi.

Le era mai capitato di sentire una simile pace?

Quando fui fatto vescovo ausiliare sentii la stessa pace.

È a questa circostanza che risale il suo primo incontro con Giovanni Paolo II?

In realtà no. Io l'ho incontrato in un momento buio della mia vita, quando è venuto la seconda volta in Argentina nell'"87. Io ero rientrato dalla Germania dopo un periodo che avevo passato lì per scrivere un dottorato su Romano Guardini, e per allontanarmi un po' da un clima teso nella mia stessa provincia religiosa. Credo che tutto abbia la sua radice nel fatto che ho avuto ruoli di responsabilità fin da giovane. L'anno dopo l'ordinazione fui fatto maestro dei novizi. Dal '73 all''80 sono stato Provinciale e dall''80 all''86 rettore del Collegio del Salvador a Buenos Aires. Ho esercitato il mio ruolo di responsabilità a volte con eccessiva fermezza, ma era un momento difficile in Argentina. Adesso posso fare l'autocritica, ma in quel momento ho fatto così come la coscienza mi dettava, e probabilmente qualcuno è rimasto male. In quel momento difficile stavo al Collegio Salvador. Vivevo lì. Il Nunzio mi invitò a incontrare il Papa. Io lo salutai, e il Nunzio disse sottovoce che ero un gesuita. Lui ripeté a voce alta "*Ah un gesuita!*". Quell'incontro mi ha toccato molto, è stata una consolazione in un momento buio. Ma è l'unica volta che l'ho incontrato direttamente prima di essere vescovo.

Come ha appreso la notizia di essere diventato vescovo ausiliare?

Ero a Cordoba, ed era il 1992. Ero stato trasferito lì il 16 luglio del 1990. Sono stato in quella comunità il '91 e il '92 fino a maggio, quando mi chiamò il Nunzio e mi disse: "*Lei può venire qui?*".

"*No* – dissi –, *non posso, Eccellenza, non posso muovermi, sarebbe per me una difficoltà*".

In passato, il Nunzio mi aveva chiamato due, tre volte per salutarmi o per chiedermi una consultazione su qualche persona che io conoscevo. Lui disse: "*Ma lei può uscire dalla casa?*". Gli dissi: "*Sì, qui in città sì*". Rispose: "*Facciamo una cosa, domani io prenderò il volo da Buenos Aires a Mendoza facendo scalo a Cordoba, lei mi aspetta in aeroporto perché devo fare qualche consultazione*".

Sono andato in aeroporto e, nel suo viaggio di ritorno da Mendoza, lui si è fermato lì per il tempo dello scalo e mi ha mostrato le carte di cui mi aveva parlato chiedendomi qualche parere. A un certo punto si è sentito l'avviso che annunciava il volo per Buenos Aires e quindi ci siamo salutati. In quel momento mi ha detto: "*Ah, un'altra cosa, è stato nominato ausiliare di Buenos Aires. Il Padre Generale ha dato il con-*

senso". Ho solo risposto: "*Va bene. E quando si renderà pubblico?*". Mi ha risposto: "*Forse il 20 o il 21*". Ho detto: "*Va bene grazie*". Ed è proprio in quel momento che ho sentito la stessa pace che ho sentito il giorno della mia elezione a Papa.

E da vescovo ausiliare ha avuto modo di incontrare papa Giovanni Paolo II?

Sì, quando sono venuto al Sinodo sulla Vita Consacrata nel '94. In quel tempo ero stato nominato vicario generale dal cardinale Quarracino.

Si dice che sia stato proprio lui a volerLa come successore, è vero?

Sì, alcuni lo sostengono. Il Nunzio mi ha chiamato il 3 giugno e mi ha detto: "*Puoi venire a pranzo?*". Abbiamo fatto pranzo, poi alla fine sono arrivate una torta e una bottiglia di champagne. Ho chiesto: "*Cosa festeggia lei, il compleanno?*". Mi ha risposto: "*No, no, festeggiamo che lei è stato nominato coadiutore*".

Santità, nel tempo che ha vissuto come arcivescovo di Buenos Aires, ha avuto modo di intensificare i suoi rapporti con Giovanni Paolo II?

Sì, ho avuto modo innanzitutto durante i Sinodi, ma anche per le visite *Ad Limina*. Però ricordo soprattutto che, nel 2001, quando fui fatto cardinale, sentii il forte desiderio, mentre ero inginocchiato per ricevere la berretta cardinalizia, di non limitarmi solo a scambiare il segno della pace, ma di baciargli la mano. Qualcuno mi criticò per questo gesto, ma per me fu spontaneo. Poi, lo stesso anno, a settembre ci fu l'attacco alle Torri Gemelle a New York, e il cardinale Egan, che era il relatore principale del Sinodo, a ottobre dovette tornare in diocesi per la commemorazione delle vittime. Giovanni Paolo II allora mi scelse come sostituto. Il tema di riflessione riguardava proprio la figura del vescovo. In quell'occasione ebbi modo di incontrare diverse volte il Papa in maniera ufficiale, ma anche di pranzare insieme con lui e altri vescovi.

II

LA GIOVINEZZA E LA FORMAZIONE

Anche un Papa ha una storia. Può sembrare una cosa scontata ma, a volte, nel nostro immaginario, facciamo fatica a ricordare che dietro una figura così decisiva per tutti c'è la storia di un bambino, di una famiglia, di una formazione, di vicende belle e meno belle. Noi non siamo la nostra storia, non coincidiamo solo con la somma di tutte le esperienze fatte, ma essa dice comunque molto di noi. San Giovanni Paolo II ha parlato diverse volte, durante il suo pontificato, della sua storia personale. Per questo abbiamo voluto ricordarla a partire soprattutto dalle sue stesse parole prese in momenti diversi da discorsi, interviste o pagine autobiografiche scritte direttamente da lui.

"*Sono nato il 18 maggio del 1920. In un giorno così importante per ogni uomo, voglio rivolgermi con la memoria ai miei genitori scomparsi da tanto tempo. Desidero ricordare con gratitudine mio padre e mia madre, che mi hanno dato la vita. Pensando ai miei genitori voglio in modo particolare ringraziare Dio, Signore e fonte della vita, per questo suo primo e fondamentale dono*".

Proprio in quei mesi la Polonia tornava all'indipendenza, liberandosi rispettivamente dal dominio austriaco e da quello russo.

"*Secondo quello che mi hanno detto, il momento della mia nascita è stato di pomeriggio, tra le 5 e le 6. Dunque, quasi nello stesso momento in cui, 58 anni dopo, sono stato eletto Papa*".

Karol Wojtyła era il terzo dei tre figli di Karol Wojtyła ed Emilia Kaczorowska, che morì nel 1929. Al momento del parto, pare che la madre avrebbe chiesto alla levatrice di aprire la finestra, affinché i primi suoni a giungere all'orecchio del neonato fossero i canti in onore di Maria, la Madre di Dio. E così la levatrice andò dal letto alla finestra e spalancò le imposte. Di colpo la piccola stanza fu inondata dalla luce e dai canti della funzione vespertina del mese di maggio, provenienti dalla Chiesa di Nostra Signora, di fronte alla sua casa natale.

Circa un mese dopo la sua nascita, il 20 giugno, il bambino viene battezzato con i nomi di Karol e Józef.

All'età di circa nove anni, il piccolo Karol perde la mamma: "*Non avevo ancora l'età della prima comunione quando ho perso mia madre, che non ha avuto così la gioia di vedere quel giorno da lei atteso come un grande giorno: voleva due figli, l'uno medico, l'altro prete. Mio fratello era medico e, nonostante tutto, io sono diventato prete*".

Il fratello Edmund morirà qualche anno dopo. Il piccolo Karol avrà dodici anni e racconta così quell'evento traumatico che ha segnato la sua vita: "*Mio fratello è morto di epidemia virulenta di scarlattina, nell'ospedale dove stava iniziando la sua professione di medico. Oggi gli antibiotici lo avrebbero salvato. Avevo dodici anni. La morte di mia madre mi si era profondamente incisa nella memoria, e forse più ancora quella di mio fratello, a causa delle circostanze drammatiche in cui avvenne, e perché io ero più maturo. Così, sono diventato relativamente presto orfano di madre e figlio unico*".

Da quel momento in poi, unica grande figura di riferimento per Karol sarà il padre. Ed è proprio la straordinaria fede in Dio di quest'uomo che rimarrà impressa nella memoria e nella formazione di Karol. Dopo la morte della moglie e del figlio maggiore, il padre, infatti, si occupa di tutto: di preparare la colazione, la cena, di occuparsi delle pulizie, di fare il bucato, di lucidare le scarpe. È lui a ripetere gli stessi gesti che non possono più fare le persone assenti in quella casa.

Le giornate sono regolate con una precisione estrema: la sveglia alle sei, poi la colazione, la Messa quotidiana, dopo di che il piccolo Lolek va a scuola. Il pomeriggio è dedicato al gioco, alle passeggiate, alle partite di pallone con i compagni e, quando piove, al ping-pong nella sala parrocchiale. Il padre è sempre lì ad aspettarlo, premuroso e attento, insegna al figlio piccolo il tedesco, arrivando persino a preparargli un piccolo dizionario personale. Ma, soprattutto, il padre porta il figlio ormai adolescente, in grado di sopportare di più gli sforzi fisici, a fare escursioni in montagna. Quest'esperienza rimarrà talmente tanto impressa nel giovane Karol da portarsela per tutta la vita come un punto di riferimento nella vita spirituale e nella disciplina su se stesso. Diventato sacerdote, infatti, continuerà ad accompagnare centinaia di giovani sui monti per allenarli alla marcia, alla compagnia, alla solidarietà. Di certo però la figura paterna rimarrà tra quelle più decisive della vita di Wojtyła: "*Mio padre è stato ammirevole. I violenti traumi avevano suscitato in lui una profondità spirituale straordinaria. Il dolore era diventato preghiera. Il semplice fatto di vederlo inginocchiato ha avuto un'influenza decisiva sui miei anni giovanili*".

Il 22 giugno 1938 si iscrive anche lui all'Università: "*Per questo motivo mi trasferii insieme con mio padre da Wadowice a Cracovia. Ci sistemammo in un quartiere in cui la casa apparteneva ai parenti di mia madre. Intrapresi gli studi alla Facoltà di Filosofia dell'Università Jagellonica, seguendo i corsi di filologia polacca, ma riuscii a finire soltanto il primo anno, perché il 1° settembre 1939 scoppiò la seconda guerra mondiale*".

Per evitare la deportazione e i lavori forzati in Germania occorre l'Ausweis, un lasciapassare rilasciato dalle autorità tedesche ai lavoratori "socialmente utili". Per questo Karol comincia a lavorare come operaio in una cava di pietra, collegata con la fabbrica chimica Solvay: "*La provvidenza ha voluto che facessi anch'io, in un certo periodo della mia vita, l'esperienza dura del lavoro in cava.*

Ho quindi potuto rendermi conto personalmente di quali difficoltà esso comporti: non basta la forza, ci vogliono anche destrezza, padronanza di nervi, prontezza di riflessi, coraggio. Non basta saper manovrare macchinari, bisogna aver confidenza con la montagna, conoscerne i segreti e anche le insidie nascoste. Soprattutto ci vogliono solide doti morali per reggere alla fatica di una giornata passata alle prese con martelli pneumatici, subbie e mazzuoli. Ci sono, poi, gli imprevisti e gli incidenti, che possono trasformare in pochi attimi l'ambiente di lavoro nello scenario di una tragedia: anche di questo ho fatto l'esperienza e sono avvenimenti che restano segnati nell'anima per tutta la vita".

Il 18 febbraio 1941 muore anche suo padre, e il giovane Karol resta completamente solo: "*Ricordo perfettamente quel giorno: tornando dal lavoro trovai mio padre morto. In quel momento l'amicizia dei Kydrynski fu per me di grande sostegno. L'amicizia si allargò poi ad altre famiglie, in particolare a quella dei signori Szkocki*".

La morte del padre segna un cambiamento di rotta nella ricerca di significato della sua esistenza e nel delinearsi di una sua vocazione specifica.

Egli stesso così riferisce di quel periodo: "*Dopo la morte di mio padre, a poco a poco presi coscienza della mia vera strada. Lavoravo in fabbrica; mi dedicavo, per quanto lo consentiva il terrore dell'occupazione, alla mia passione per le lettere e per l'arte drammatica. La mia vocazione sacerdotale ha preso corpo in mezzo a tutto ciò, come un fatto interiore, di una trasparenza indiscutibile e assoluta*".

Ma la morte del padre lascia la scena a un'altra figura decisiva nella formazione del giovane Karol, un laico di nome Jan Tyranowski, che aveva creato un gruppo detto del "Rosario vivente", composto da una quindicina di giovani, a ciascuno dei quali era affidata la recita quotidiana di un mistero del Rosario: "*Prima di entrare nel seminario, incontrai un laico di nome Jan Tyranowski, che era un vero mistico. Quell'uomo, che ritengo un santo, mi introdusse ai grandi mistici spagnoli e, specialmente, a san Giovanni della Croce. Prima ancora di entrare nel seminario clandestino, leggevo le opere di quel mistico, specialmente le poesie. Per poterlo fare in edizione originale, studiai la lingua spagnola. Quella fu una tappa molto importante della mia vita*".

Non soltanto san Giovanni della Croce, in quel periodo, ma anche la scoperta di una spiritualità mariana che forse si faceva spazio anche nel vuoto lasciato dalla prematura morte della madre. Proprio su suggerimento di Tyranowski legge il "Trattato della vera devozione a Maria" del santo francese Luigi Maria Grignon De Monfort: "*La lettura di quel libro ha segnato nella mia vita una svolta decisiva. Ho detto svolta, benché si tratti di un lungo cammino interiore che ha coinciso con la mia preparazione clandestina al sacerdozio. Proprio allora mi capitò tra le mani questo singolare trattato, uno di quei libri che non basta 'aver letto'. Ricordo d'averlo portato con me per molto tempo, anche nella fabbrica di soda, tanto che la sua bella copertina era macchiata di calce. Rileggevo continuamente e l'uno e dopo l'altro certi passi. Ne è conseguito che alla devozione della mia infanzia e anche della mia adolescenza verso la Madre di Cristo si è sostituito un nuovo atteggiamento, una devozione venuta dal più profondo della mia fede, come dal cuore stesso della realtà trinitaria e cristologica*".

Accanto alla devozione mariana, altri due capisaldi della spiritualità si innestano in maniera profonda nel giovane Karol: l'amore all'Eucarestia e la passione per il Vangelo. Per quanto riguarda l'Eucarestia egli così scrive: "*Per vivere dell'Euca-*

restia occorre intrattenersi a lungo in adorazione davanti al Santissimo Sacramento, esperienza che io stesso faccio ogni giorno traendone forza, consolazione e sostegno". E nel ricordare la nascita di una profonda passione per il Vangelo, Giovanni Paolo II un giorno condivise questo ricordo: "*Mi ricordo che quando ero giovane come voi e leggevo il Vangelo, per me l'argomento più forte a favore della veridicità di ciò che stavo leggendo era che nel Vangelo non c'è nessuna segreta promessa. Egli ha detto ai suoi discepoli una verità assolutamente dura: 'Non aspettatevi niente, nessun regno di questo mondo, nessun posto alla destra o alla sinistra nei misteri di questo futuro regno messianico. Il Re messianico andrà sulla croce e poi verrà provato. Poi la Resurrezione vi darà la forza, la potenza dello Spirito Santo, per essere capaci di testimoniare al mondo questo crocifisso. Ma nessuna segreta promessa! Nel mondo sarete oppressi'. Questo mi convinceva molto, perché normalmente gli uomini cercano di attirare gli altri con delle promesse. Con delle promesse, con la carriera, i guadagni: che cosa te ne verrà, ne avrai questo, e quello, e quello...*".

In questo clima formativo e in questo approfondimento spirituale, il giovane Karol Wojtyła matura la definitiva scelta vocazionale: "*Alla mia coscienza si manifestava sempre più una luce: il Signore vuole che io diventi sacerdote. Un giorno lo percepii con molta chiarezza: era come un'illuminazione interiore, che portava in sé la gioia e la sicurezza di un'altra vocazione. E questa consapevolezza mi riempì di una grande pace interiore*".

Frequenterà in maniera clandestina a partire dal 1942 il Seminario Maggiore di Cracovia, diretto dall'allora arcivescovo, il cardinale Adam Stefan Sapieha: "*Sotto il cardinale Sapieha feci il seminario: fui dapprima chierico e poi divenni sacerdote. Provavo per lui un sentimento di grande fiducia e posso dire che lo amavo, come lo amavano gli altri sacerdoti. Spesso è scritto nei libri che Sapieha mi stava in qualche modo preparando, e forse è vero. Anche questo è un compito del vescovo: preparare chi lo possa eventualmente sostituire*".

Durante lo stesso periodo il giovane Karol fu tra gli organizzatori del teatro clandestino, originale forma di resistenza attraverso le opere teatrali e la conservazione della lingua madre.

Il 1° novembre del 1946, Karol Wojtyła viene ordinato sacerdote: "*Scorrono di fronte a me, in questo momento, le immagini di quell'ormai lontano giorno, quando di mattina presto mi presentai nella residenza degli arcivescovi di Cracovia per ricevere l'ordinazione sacerdotale, accompagnato da un piccolo gruppo di parenti ed amici. Con emozione mi rivedo steso sul pavimento della cappella privata del principe metropolita; odo il canto del 'Veni Creator' e delle litanie dei Santi; attendo l'imposizione delle mani; accolgo l'invito a proclamare la buona novella, a guidare il popolo di Dio, a celebrare i divini misteri. Sono ricordi incancellabili, che rivivo in questo giorno con indicibile gratitudine verso il Signore*".

Dopo l'ordinazione sacerdotale fu inviato a Roma dove, sotto la guida del domenicano francese Padre Garrigou-Lagrange, conseguì nel 1948 il dottorato in Teologia, con una tesi sul tema della fede nelle opere di san Giovanni della Croce. In quel periodo, durante le vacanze, prestò servizio pastorale tra gli emigranti polacchi in Francia, Belgio e Olanda.

Tornando nel 1948 in Polonia, fu dapprima coadiutore in una parrocchia vicino Cracovia, poi cappellano degli universitari fino al 1951, quando riprese i suoi studi filosofici e teologici.

Nel 1953 presentò all'Università Cattolica di Lublino la sua tesi su Max Scheler e, non molto più tardi, divenne professore di Teologia Morale ed Etica nel seminario maggiore di Cracovia e alla Facoltà di Teologia di Lublino.

"*Le circostanze non mi hanno lasciato mai molto tempo per studiare. Per temperamento, preferisco il pensiero all'erudizione, ho potuto rendermene conto durante la mia breve carriera di professore a Cracovia e a Lublino. La mia concezione della persona, unica nella sua identità, e dell'uomo, come tale al centro dell'universo, è nata dall'esperienza e dalla compartecipazione con gli altri, molto più che dalla lettura. I libri, lo studio, la riflessione, la discussione mi aiutano a formulare ciò che l'esperienza mi insegna. In queste due dimensioni della mia vita e dalla mia attività, la vocazione pastorale prevaleva su quella del professore e dell'uomo di studio: si rivelava gradualmente più profonda e più forte; ma se le due vocazioni si sono allontanate l'una dall'altra, fra esse non vi fu mai frattura*".

Il 4 luglio del 1958 riceve la notizia della nomina a vescovo ausiliare di Cracovia. Si trova in una delle consuete escursioni con i suoi ragazzi in vacanza, ed è lì che viene convocato dal primate di Polonia, il cardinal Stefan Wyszyński: "*Entrato nello studio del primate, il cardinal Stefan Wyszyński, seppi da lui che il Santo Padre mi aveva nominato vescovo ausiliare dell'arcivescovo di Cracovia. Nel febbraio di quello stesso anno, infatti, era deceduto il vescovo Stanislaw Rospond, che era stato per molti anni ausiliare a Cracovia, al tempo in cui ordinario dell'arcidiocesi era il principe metropolita cardinale Adam Sapieha. Udendo le parole del primate che mi annunziava la decisione della Sede Apostolica, esclamai: 'Eminenza io sono troppo giovane, ho appena 38 anni'. Ma lui replicò: 'È una debolezza di cui si libererà presto. La prego di non opporsi alla volontà del Santo Padre'. Disse allora soltanto una parola: 'Accetto'*".

L'11 ottobre del 1962, papa Giovanni XXIII apre ufficialmente in San Pietro il Concilio Vaticano II. Anche il giovane vescovo Karol Wojtyła farà parte di quell'assise: "*La provvidenza dispose che, quando scoccò l'ora del Concilio, io stessi vivendo le mie primizie di vescovo, avendo ricevuto l'ordinazione episcopale il 28 settembre del 1958. Ho avuto perciò la singolare grazia di partecipare alla grande opera e di dare il mio contributo ai suoi lavori. In tal modo, fin dai primi passi preparatori, successivamente nelle varie tappe dello svolgimento, e poi nella fase degli impegni applicativi, il Concilio Vaticano II costituì lo sfondo, il clima, il centro ispiratore dei miei pensieri e della mia attività di pastore dell'amata Chiesa particolare, a cui la bontà del Signore mi aveva chiamato*".

Il 13 gennaio del 1964 venne nominato arcivescovo di Cracovia da papa Paolo VI: "*Nella cattedrale del Wawel sono stato consacrato vescovo, e dal gennaio 1964 ho ereditato il grande patrimonio dei vescovi di Cracovia. Ricordo la vecchia Cracovia dei miei anni giovanili e universitari, e la nuova Cracovia, quella che con la costruzione di Nowa Huta si è quasi triplicata. Quella ai problemi della quale ho partecipato come pastore, come vescovo, e in futuro come cardinale*".

Sempre papa Paolo VI, nel concistoro del 26 giugno 1967, lo crea cardinale del titolo di San Cesareo in Palatio, Diaconia elevata *pro illa vice* a Titolo Presbiterale.

La grande stima di Paolo VI nei suoi confronti divenne pubblica con la chiamata a predicare, durante la Quaresima del 1976, gli esercizi spirituali in Vaticano, a lui stesso e a tutta la Curia

Romana: "*All'inizio del febbraio del 1976 mi telefonò mons. Rubin comunicandomi che il Pontefice mi pregava di predicare gli esercizi spirituali in marzo. Avevo a disposizione appena venti giorni per preparare i testi e per tradurli. Il titolo che poi diedi a quelle meditazioni fu 'Segno di contraddizione'. Non mi era stato proposto, ma venne fuori alla fine, quasi come la sintesi di quanto avevo inteso dire. In verità non era un tema, ma in un certo senso la parola chiave, nella quale confluiva quanto avevo esposto nelle diverse conferenze. Ricordo i giorni dedicati alla preparazione dei temi, che erano venti e che dovetti individuare ed elaborare da solo. Per trovare la tranquillità necessaria andai dalle Orsoline Grigie a Jaszczurowka. Fino a mezzo giorno scrivevo le meditazioni, nel pomeriggio andavo a sciare e la sera mi rimettevo a scrivere. Quell'incontro con Paolo VI, nel contesto degli esercizi spirituali, fu per me particolarmente importante, perché mi rese consapevole di quanto sia necessaria la prontezza del vescovo a parlare della sua fede, ovunque il Signore dia ordine di farlo. Di essa ha bisogno ogni vescovo, compreso lo stesso successore di Pietro, così come Paolo VI ebbe allora bisogno della mia disponibilità*".

Dopo questa esperienza così forte, nel 1978, il 6 agosto, Paolo VI muore.

Santità, la vita di san Giovanni Paolo II non è stata facile, è stata una vita complicata, intessuta di momenti difficili, drammatici, fatta di perdite significative. Lei pensa che tali sofferenze abbiano influenzato in maniera decisiva l'agire del futuro Papa?

Io penso che non possiamo dimenticare le sofferenze di questo grande Papa. La sua fine e acuta sensibilità per la Misericordia, certamente è stata influenzata dalla spiritualità di santa Faustina Kowalska, morta negli anni della sua adolescenza, ma anche – e forse soprattutto – dalle persecuzioni comuniste, naziste di cui è stato spettatore. Ha sofferto tanto! Anche perché non aveva più né famiglia né parenti. Era un uomo che ha dovuto affrontare la vita da solo, riscoprendo relazioni e amicizie che lo hanno accompagnato e sorretto nel suo cammino.

È vero, Padre Santo! Infatti nel suo libro Dono e Mistero *scrive che ogni giorno si domandava perché il Signore lo avesse lasciato vivo. Si sorprendeva per il fatto che intorno a lui morivano tante persone e lui rimaneva vivo. Diceva che si sentiva come davanti a un plotone di esecuzione.*

Conosci il film tedesco *Die Brücke* (*Il ponte*)? È un film in bianco e nero del '59. Tutte le volte che lo vedo, penso a Giovanni Paolo II. Si racconta di una gioventù normale che viene annientata, uccisa, attraverso la militanza politica e militare. È un dolore atroce vedere come questi giovani venissero man mano terribilmente manipolati dalla crescente violenza di una propaganda disumana. Penso che Giovanni Paolo II abbia vissuto sulla sua pelle questo tipo di dolore. Lo ha vissuto in prima persona. Lo ha visto con i suoi occhi.

Allora, Padre Santo, è vero quando dicono che Giovanni Paolo II è stata una figura decisiva per il crollo del muro di Berlino?

Sì, penso proprio di sì. In quel momento storico, Giovanni Paolo II si è reso interprete dell'aspirazione di libertà del popolo e ha unito tutte quelle forze buone che hanno portato a un cambiamento così decisivo.

Santità, le dispiace se torniamo per un istante al periodo giovanile di Giovanni Paolo II, a quello della sua formazione? Karol Wojtyła ha raccontato più volte che, durante la sua giovinezza, hanno avuto un grande ruolo alcuni sacerdoti, tra cui alcuni Salesiani. Anche lei, Santità, ha avuto a che fare nella sua formazione con dei Salesiani che hanno lasciato impronte nella sua vita.

Sì, la mia famiglia si può definire "salesiana". Quando papà è arrivato a Buenos Aires, alloggiava in una residenza salesiana nella strada Solìs. Vi andò perché lì ci vivevano i migranti, attorno a quella che è considerata la chiesa degli italiani, Madre di Misericordia. Proprio lì ha conosciuto un sacerdote che è stata la sua guida durante tutta la vita. Lo ha sposato, ha battezzato tutti i figli, compreso me, ed è stato anche il mio direttore spirituale, quello che mi ha condotto fino

alla decisione di entrare in seminario e, dopo, nella Compagnia di Gesù: padre Pozzoli. Era un italiano originario di Lodi, missionario in Argentina. È stato un uomo straordinario, un grande missionario della Patagonia. Aveva due grandi passioni: la fotografia e gli orologi.
Mia madre abitava a 400 metri dalla basilica di Maria Ausiliatrice, dove questo sacerdote viveva insieme ad altri Salesiani. È stato un amico di famiglia, sempre presente, nei momenti belli e meno belli, vissuti da ognuno di noi. Quando mamma nell'ultimo parto, il quinto, nel '48, ha preso un'infezione che le impediva di camminare, noi tre figli più grandi siamo stati mandati come interni al collegio salesiano. È stato l'unico anno in cui io non ho frequentato la scuola pubblica.

Santità, mi sorge una curiosità: non ha mai pensato di diventare salesiano?

No, non so perché, ma non mi è mai venuto in mente. Quando nel '57 sono uscito dal seminario per un intervento al polmone, e presi la decisione di entrare nella Compagnia di

Gesù, padre Pozzoli è stato una figura decisiva. In particolare, per quanto riguarda la scelta di entrare in seminario, fu di aiuto anche per mia madre, che faceva qualche resistenza e diceva: "*Faccia prima l'università e poi si vedrà*". Ricordo che lui colse la palla al balzo durante la festa del 25° di matrimonio dei miei genitori: dopo aver celebrato la Messa, andammo a mangiare qualcosa insieme in un locale. Durante il pranzo parlò a lungo con mia madre e alla fine la convinse a lasciarmi entrare in seminario.

A proposito della sua giovinezza, mi viene in mente che anche Lei ha vissuto l'esperienza del lavoro, proprio come Giovanni Paolo II.

Sì, anche io ho vissuto quest'esperienza. La prima volta dopo le scuole elementari, che in Argentina durano sette anni. Avevo dodici anni e, durante l'estate, mio padre mi disse: "*Adesso dovresti cominciare a lavorare*". E così mi ha mandato alla fabbrica di un amico. Mio padre era ragioniere in una grande fabbrica; gli piaceva il suo lavoro e, quando era in ritardo, si portava i registri a casa; scriveva tutto a mano, con una scrittura precisa, bella, gotica. Molto spesso lo vedevo lavorare anche di sabato. Fu lui a farmi questa proposta: "*Su tre mesi di vacanze estive* – mi disse – *due ne lavori e uno ti riposi*". Così feci.

Per me è stata un'esperienza positiva. La seconda volta che mi è capitato avevo sedici anni. Frequentavo una scuola tecnica, non umanistica, e accanto alle lezioni teoriche c'erano anche quelle pratiche in laboratorio. Il corso che io frequentavo era sperimentale. Agli inizi mi occupavo di chimica degli alimenti, chimica dermatologica. Man mano, poi, questa scuola è cresciuta ed è diventata grande, importante. Ricordo che lavoravo dalle sette del mattino sino all'una del pomeriggio in laboratorio, e alle due dovevo entrare nel collegio per la parte teorica fino alle sei, sei e mezza. E dove lavoravo era distante un'ora di viaggio da casa mia in città. Andavo a prendere il bus e, passando prima da una Chiesa, chiedevo sempre al sacerdote di darmi la comunione.

Un altro punto in comune con il Suo predecessore è che ambedue, da giovanissimi, avete avuto incarichi di grande responsabilità. Giovanni Paolo II, ancora molto giovane, divenne dapprima professore all'Università e ad appena trentotto anni vescovo ausiliare, e poco dopo arcivescovo di Cracovia. Anche Lei, Santità, ha avuto delle responsabilità in età molto giovane: penso al fatto che sia stato nominato maestro dei novizi appena ordinato sacerdote, poi rettore di un collegio e persino Superiore Provinciale dell'Argentina in uno dei momenti più difficili vissuti da questo Paese. Posso chiedere quale sia la qualità principale che dovrebbe avere un giovane chiamato ad assumersi una responsabilità?

Credo che si debba guardare a due qualità fondamentali: coraggio e timore insieme. Dalla mescolanza di queste due caratteristiche nasce la prudenza. La prudenza è la vera virtù del governo. Non è semplicemente una forma di equilibrio, ma è la forza di avere coraggio e allo stesso tempo di mantenere umilmente un timore per camminare con i piedi per terra, con concretezza.

Qualcuno dice che oggi, nella Chiesa, non ci sia spazio sufficiente per i giovani. Pensando all'espe-

rienza di Giovanni Paolo II e alla sua, sembra che oggi si abbia paura di affidare loro delle responsabilità. Si può dire che la gioventù del nostro tempo non è matura?

Io credo che affidare ai giovani delle responsabilità sia una risorsa, ma deve essere usata nel momento giusto, nelle condizioni giuste e con lo spirito giusto. Se leggi la Bibbia, ti accorgi che si potrebbe riflettere moltissimo sulla figura del piccolo Davide, del giovane Davide, che ha dovuto imparare a essere re in un'età e in una condizione di grande difficoltà. In ogni tempo, i rischi che le responsabilità comportano sono gli stessi. Per esempio, quando io ero rettore nelle Facoltà di Teologia, ho messo come superiori degli studenti alcuni loro compagni più grandi. Mi sono accorto che questa scelta era stata felice. Ma il pericolo è sempre lo stesso: l'orgoglio, la superbia, la vanità. Questo per me è il pericolo per tutte le età, ma soprattutto quando uno è giovane, perché ha molte energie e si accorge di averle, e questo lo può far cadere in tentazione.

Padre Santo, mi ha molto colpito l'intuizione che Giovanni Paolo II ebbe fin da giovane: di sollecitare negli universitari la formazione di una coscienza critica, attraverso la cultura, in maniera particolare la letteratura, lo sport, il teatro, lo stare insieme, la spiritualità. Penso che la cultura, per lui, non sia stato solo un mezzo pedagogico ma che Egli abbia avuto come scopo quello di evangelizzare la cultura stessa. Lei crede che questa ricetta sia ancora valida? E soprattutto la cultura può essere al servizio dell'evangelizzazione?

Bisogna sempre evangelizzare la cultura, sarebbe ancora meglio dire "inculturare il Vangelo". Su questo penso che abbia molto da insegnarci il documento di Puebla [Si tratta del "Messaggio ai popoli dell'America Latina", con il quale si apre il documento finale, approvato il 13 febbraio 1979, della III Conferenza generale dell'Episcopato latinoamericano, tenutasi a Puebla, Messico, dal 28 gennaio al 13 febbraio 1979, *ndr*].

Santità, mi viene un dubbio: ma l'inculturazione non porta il grande rischio di mondanizzarsi?

C'è sempre il rischio di lasciare da parte il *kerigma* e di idealizzare la cultura. Ma la grande sfida dell'evangelizzazione è proprio quella di salvare il *kerigma* e di trovare sempre l'alfabeto giusto per poterlo raccontare nella cultura.

Padre Santo, la sua risposta mi evoca la figura di Paolo VI: non è stato un profeta in questo approccio?

Paolo VI è riuscito ad avere chiaro come il rapporto con la cultura sia un rapporto decisivo nel processo di evangelizzazione. Senza l'intuizione di Paolo VI non ci sarebbe stato il documento di Puebla e tutto quel Magistero di Giovanni Paolo II che ha avuto la sua radice proprio nelle intuizioni di Paolo VI.

III

IL SACERDOTE

Papa Giovanni Paolo II, in occasione del 50° anniversario della propria ordinazione sacerdotale, affidò le proprie memorie a un volume, dal titolo *Dono e Mistero*. Queste pagine sono, a oggi, la fonte privilegiata per riflettere e interrogarsi sulla sua giovinezza, sulla sua vocazione e formazione alla vita presbiterale. Il sacerdozio è stato uno dei tratti caratteristici della sua vita. Ha sempre mostrato una grande passione per il suo essere sacerdote prima, e vescovo poi. È giusto, ancora una volta, prima di riflettere con papa Francesco sull'identità sacerdotale, lasciare direttamente a san Giovanni Paolo II la parola sul sacerdozio tratta proprio dal suo libro autobiografico *Dono e Mistero*.

Da Dono e mistero (IX)

Non v'è dubbio che il sacerdote, con tutta la Chiesa, cammina col proprio tempo, e si fa ascoltatore attento e benevolo, ma insieme critico e vigile, di quanto matura nella storia. Il Concilio ha mostrato come sia possibile e doveroso un autentico rinnovamento, nella piena fedeltà alla Parola di Dio ed alla Tradizione. Ma al di là del dovuto rinnovamento pastorale, sono convinto che il sacerdote non deve avere alcun timore di essere "fuori tempo", perché l'"oggi" umano di ogni sacerdote è inserito nell'"oggi" del Cristo Redentore. Il più grande compito per ogni sacerdote e in ogni tempo è ritrovare di giorno in giorno questo suo "oggi" sacerdotale nell'"oggi" di Cristo, in quell'"oggi" del quale parla la lettera agli Ebrei. Questo "oggi" di Cristo è immerso in tutta la storia – nel passato e nel futuro del mondo, di ogni uomo e di ogni sacerdote. «Gesù Cristo è lo stesso ieri e oggi e sempre» (Eb 13,8). Quindi, se siamo immersi con il nostro umano, sacerdotale "oggi" nell'"oggi" di Gesù Cristo, non esiste il pericolo che si diventi di "ieri", arretrati... Cristo è la misura di tutti i tempi. Nel suo divino-umano, sacerdotale "oggi", si risolve alla radice tutta l'antinomia – una volta così discussa – tra il "tradizionalismo" e il "progressismo".

Le attese profonde dell'uomo

Se si analizzano le attese che l'uomo contemporaneo ha nei confronti del sacerdote, si vedrà che, nel fondo, c'è in lui una sola, grande attesa: *egli ha sete di Cristo*. Il resto – ciò che serve sul piano economico, sociale, politico – lo può chiedere a tanti altri. Al sacerdote chiede Cristo! E da lui ha diritto di attenderselo innanzitutto mediante l'annuncio della Parola. I presbiteri – insegna il Concilio – «hanno come primo dovere quello di annunziare a tutti il Vangelo di Dio» (*Presbyterorum ordinis*, 4). Ma l'annuncio mira a far sì che l'uomo incontri Gesù, specie nel mistero eucaristico, cuore pulsante della Chiesa e della vita sacerdotale. È un misterioso, formidabile potere quello che il sacerdote ha nei confronti del Corpo eucaristico di Cristo. In base a esso, egli diventa l'amministratore del bene più grande della Redenzione, perché dona agli uomini il

Redentore in persona. Celebrare l'Eucaristia è la funzione più sublime e più sacra di ogni presbitero. E per me, fin dai primi anni del sacerdozio, la celebrazione dell'Eucaristia è stata non soltanto il dovere più sacro, ma soprattutto il bisogno più profondo dell'anima.

Ministro della misericordia

Come amministratore del *sacramento della Riconciliazione*, il sacerdote adempie il mandato trasmesso da Cristo agli apostoli dopo la sua risurrezione: «Ricevete lo Spirito Santo; a chi rimetterete i peccati saranno rimessi e a chi non li rimetterete, resteranno non rimessi» (Gv 20,22-23). Il sacerdote è testimone e strumento della misericordia divina! Come è importante il servizio del confessionale nella sua vita! Proprio nel confessionale *la sua paternità spirituale* si realizza nel modo più pieno. Proprio nel confessionale ogni sacerdote diventa testimone dei grandi miracoli che la misericordia divina opera nell'anima che accetta la grazia della conversione. È necessario, però, che ogni sacerdote al servizio dei fratelli nel confessionale sappia fare egli stesso esperienza di questa misericordia di Dio, attraverso la propria regolare confessione e la direzione spirituale.

Amministratore dei misteri divini, il sacerdote è uno speciale *testimone dell'Invisibile* nel mondo. È infatti amministratore di beni invisibili e incommensurabili, che appartengono all'ordine spirituale e soprannaturale.

Un uomo a contatto con Dio

Quale amministratore di simili beni, il sacerdote è in permanente, particolare *contatto con la santità di Dio*. "Santo, Santo, Santo, il Signore Dio dell'universo! I cieli e la terra sono pieni della tua gloria". La maestà di Dio è la maestà della santità. Nel sacerdozio, l'uomo è come innalzato alla sfera di questa santità, in qualche modo arriva alle altezze alle quali fu una volta introdotto il profeta Isaia. E proprio di quella visione profetica si fa eco la liturgia eucaristica: *Sanctus, Sanctus, Sanctus Dominus Deus Sabaoth. Pleni sunt caeli et terra gloria tua. Hosanna in excelsis.*

Contemporaneamente, il sacerdote vive ogni giorno, in continuazione, la discesa di questa santità di Dio verso l'uomo: *Benedictus qui venit in nomine Domini*. Con queste parole, le folle di Gerusalemme salutavano Cristo che arrivava in città per consumare il sacrificio per la redenzione del mondo. La santità trascendente, in qualche modo "fuori del mondo", diventa in Cristo la santità "dentro il mondo". Diventa la santità del Mistero pasquale.

Chiamato alla santità

A costante contatto con la santità di Dio, il sacerdote deve lui stesso diventare santo. È il medesimo suo ministero a impegnarlo in una scelta di vita ispirata al radicalismo evangelico. Questo spiega la specifica necessità, in lui, dello spirito dei consigli evangelici di castità, povertà e obbedienza. In questo orizzonte si comprende anche la speciale convenienza del celibato. Da qui il particolare bisogno di preghiera nella sua vita: la preghiera sorge dalla santità di Dio e nello stesso tempo è la risposta a questa santità. Ho scritto una volta: «La preghiera crea il sacerdote e il sacerdote si crea attraverso la preghiera». Sì, il sacerdote dev'essere innanzitutto *uomo di preghiera*, convinto che il tempo dedicato all'incontro intimo con Dio è sempre il meglio impiegato, perché oltre che a lui giova anche al suo lavoro apostolico.

Se il Concilio Vaticano II parla della *universale* vocazione alla santità, nel caso del sacerdote bisogna parlare di una *speciale* vocazione alla santità. *Cristo ha bisogno di sacerdoti santi*! Il mondo di oggi reclama sacerdoti santi! Soltanto un sacerdote santo può diventare, in un mondo sempre più secolarizzato, un testimone trasparente di Cristo e del suo Vangelo. Soltanto così il sacerdote può diventare guida degli uomini e maestro di santità. Gli uomini, soprattutto i giovani, aspettano una tale guida. Il sacerdote può essere guida e maestro nella misura in cui diventa un autentico testimone!

La cura animarum

Nella mia ormai lunga esperienza, tra tante situazioni diverse, mi sono confermato nella convinzione che *soltanto dal terreno della santità sacerdotale può crescere una pastorale efficace, una vera "cura animarum"*. Il segreto più vero degli autentici successi pastorali non sta nei mezzi materiali, e ancor meno nei "mezzi ricchi". I frutti duraturi degli sforzi pastorali nascono dalla santità del sacerdote. Questo è il fondamento! Naturalmente sono indispensabili la formazione, lo studio, l'aggiornamento; una preparazione insomma adeguata, che renda capaci di cogliere le urgenze e di definire le *priorità pastorali*. Si potrebbe, tuttavia, asserire che le priorità dipendono anche dalle circostanze e ogni sacerdote è chiamato a precisarle e a viverle d'intesa col suo vescovo e in armonia con gli orientamenti della Chiesa universale. Nella mia vita ho individuato queste priorità nell'apostolato dei laici, in special modo nella pastorale familiare – campo nel quale gli stessi laici mi hanno aiutato tanto –, nella cura per i giovani e nel dialogo intenso con il mondo della scienza e della cultura. Tutto questo si è rispecchiato nella mia attività scientifica e letteraria. È nato così lo studio *Amore e responsabilità* e, tra l'altro, un'opera letteraria: *La bottega dell'orefice* con il sottotitolo: *Meditazioni sul sacramento del matrimonio*.

Una ineludibile priorità oggi è costituita dall'attenzione preferenziale per i poveri, gli emarginati, gli immigrati. Per essi il sacerdote deve essere veramente un "padre". Indispensabili sono certo anche i mezzi materiali, come quelli che ci offre la tecnologia moderna. Il segreto tuttavia rimane sempre la santità di vita del sacerdote che s'esprime nella preghiera e nella meditazione, nello spirito di sacrificio e nell'ardore missionario. Quando ripercorro con il pensiero gli anni del mio servizio pastorale come sacerdote e come vescovo, mi convinco sempre più di quanto ciò sia vero e fondamentale.

Uomo della Parola

Ho già accennato che, per essere autentica guida della comunità, vero amministratore dei misteri di Dio, il sacerdote è chiamato ad essere anche *uomo della parola di Dio*, generoso e infaticabile evangelizzatore. Oggi se ne vede ancor più l'urgenza di fronte ai compiti immensi della "nuova evangelizzazione".

Dopo tanti anni di ministero della Parola, che specie da Papa mi hanno visto pellegrino in tutti gli angoli del mondo, non posso fare a meno di dedicare ancora qualche considerazione a questa dimensione della vita sacerdotale. Una dimensione esigente, giacché gli uomini di oggi si aspettano dal sacerdote, prima che la parola "annunciata", la parola "vissuta". Il presbitero deve "vivere della Parola". Al tempo stesso, però, egli si sforzerà di essere anche *preparato intellettualmente* per conoscerla a fondo e annunciarla efficacemente.

Nella nostra epoca, caratterizzata da un alto grado di specializzazione in quasi tutti i settori della vita, la formazione intellettuale è quanto mai importante. Essa rende possibile intraprendere un dialogo intenso e creativo con il pensiero contemporaneo. Gli studi umanistici e filosofici e la conoscenza della teologia sono le strade per giungere a tale formazione intellettuale, che dovrà poi essere approfondita per tutta la vita. Lo studio, per essere autenticamente formativo, ha bisogno di essere costantemente affiancato dalla preghiera, dalla meditazione, dall'implorazione dei doni dello Spirito Santo: la sapienza, l'intelletto, il consiglio, la fortezza, la scienza, la pietà e il timore di Dio. San Tommaso d'Aquino spiega in che modo, con i doni dello Spirito Santo, tutto l'organismo spirituale dell'uomo venga sensibilizzato alla luce di Dio, alla luce della conoscenza e anche all'ispirazione dell'amore. La preghiera per i doni dello Spirito Santo mi ha accompagnato fin dalla giovinezza e le sono tuttora fedele.

Approfondimento scientifico

Ma certamente, come insegna lo stesso san Tommaso, la "scienza infusa", che è frutto di speciale intervento dello Spirito Santo, non esonera dal dovere di procurarsi la "scienza acquisita".

Per quanto mi concerne, come già ho detto, subito dopo l'ordinazione sacerdotale fui inviato a Roma a perfezionare gli studi. Più tardi, per volontà del mio vescovo, dovetti occuparmi di scienza come professore di etica alla Facoltà Teologica di Cracovia e all'Università Cattolica di Lublino. Frutto di questi studi fu il dottorato su san Giovanni della Croce e poi la tesi per la libera docenza su Max Scheler: specificamente, sul contributo che il suo sistema etico di tipo fenomenologico può dare alla formazione della teologia morale. A questo lavoro di ricerca devo veramente molto. Sulla mia precedente formazione aristotelico-tomista si innestava così il metodo fenomenologico, cosa che mi ha permesso di intraprendere numerose prove creative in questo campo. Penso soprattutto al libro *Persona e atto*. In questo modo mi sono inserito nella corrente contemporanea del personalismo filosofico, studio che non è stato privo di frutti pastorali. Spesso constato che molte delle riflessioni maturate in questi studi mi aiutano durante gli incontri con singole persone e durante gli incontri con le folle dei fedeli in occasione dei viaggi apostolici. Questa formazione nell'orizzonte culturale del personalismo mi ha dato una più profonda consapevolezza di quanto ciascuno sia persona unica e irripetibile, e ritengo tale consapevolezza molto importante per ogni sacerdote.

Il dialogo con il pensiero contemporaneo

Grazie a incontri e discussioni con naturalisti, fisici, biologi e anche storici ho imparato ad apprezzare l'importanza delle altre branche del sapere riguardanti le discipline scientifiche, alle quali pure è dato di poter giungere alla verità sotto angolature diverse. Bisogna quindi che lo splendore della verità – *Veritatis splendor* – le accompagni continuamente, permettendo agli uomini di incontrarsi, di scambiarsi le riflessioni e di arricchirsi reciprocamente. Ho portato con me da Cracovia a Roma la tradizione di periodici incontri interdisciplinari, che si svolgono regolarmente nel periodo estivo a Castel Gandolfo. Cerco di essere fedele a questa buona consuetudine.

«*Labia sacerdotum scientiam custodiant...*» (cfr Ml 2,7). Mi piace richiamare queste parole del profeta Malachia, riprese dalle *Litanie a Cristo Sacerdote e Vittima*, perché hanno una sorta di valore programmatico per chi è chiamato ad essere ministro della Parola. Egli deve essere davvero *uomo di scienza* nel senso più alto e religioso di questo termine. Deve avere e trasmettere quella "scienza di Dio" che non è solo un deposito di verità dottrinali, ma esperienza personale e viva del Mistero, nel senso indicato dal Vangelo di Giovanni nella grande preghiera sacerdotale: «Questa è la vita eterna: che *conoscano* te, l'unico vero Dio, e colui che hai mandato, Gesù Cristo» (Gv 17,3).

Ripensando alle parole che Giovanni Paolo II scrive in Dono e Mistero *sul sacerdozio, mi pare che emerga una profonda affinità con la visione del sacerdote che Vostra Santità ci ha consegnato in questi anni. È una mia impressione o è così?*

Basta leggere le mie lettere del Giovedì Santo o anche le omelie che da vescovo di Buenos Aires ho pronunciato nei diversi anni, per vedere come ci sia una sintonia totale con il pensiero di san Giovanni Paolo II rispetto al sacerdozio.

Alcuni dicono che il sacerdote nel mondo attuale debba essere diverso da come lo si concepiva negli anni passati, anche recenti. La figura del sacerdote che emerge con forza negli ultimi anni ha un impianto soprattutto orizzontale, una dimensione sociale, a scapito di una dimensione più trascendente, spirituale. Non pensa che questo possa essere un rischio?

Penso che, nei confronti di ieri, sono cambiate alcune forme di essere sacerdote, ma l'essenziale rimane lo stesso. Quanto alla dimensione orizzontale, basti ripartire dalle parole di Pietro negli Atti degli Apostoli e vedere come, per tutelare il ministero della preghiera, l'annuncio della Parola, egli spinge all'istituzione dei diaconi. Preghiera e annuncio della Parola sono il compito fondamentale di ogni sacerdote.

Oggi, nella Chiesa, siamo tutti preoccupati per la crisi vocazionale soprattutto in Europa. Inoltre siamo attoniti e mortificati per il problema degli abusi sessuali da parte di alcuni uomini di Chiesa. L'abolizione del celibato, invocata da alcuni per la soluzione di questi due problemi, è davvero un rimedio valido ed efficace?

Sono convinto che il celibato sia un dono, una grazia e, camminando nel solco di Paolo VI e poi di Giovanni Paolo II e di Benedetto XVI, io sento con forza il dovere di pensare al celibato come a una grazia decisiva che caratterizza la Chiesa Cattolica latina. Lo ripeto: è una grazia, non un limite.

Sapendo che Giovanni Paolo II è stato accompagnato, soprattutto nell'età della sua formazione, da saggi e santi sacerdoti e laici (tra questi ultimi Jan Tyranowski), e che Lei stesso, nell'esortazione post sinodale rivolta ai giovani Christus Vivit *ha ribadito con forza la necessità dell'accompagnamento spirituale, ritiene realistica la possibilità di istituire un ministero che si occupi in maniera specifica proprio dell'accompagnamento?*

Prima di pensare a un ministero istituito, dobbiamo ricordarci che l'accompagnamento è soprattutto un carisma. Ognuno sperimenta nella vita della Chiesa l'incontro con persone che hanno il ruolo di dirigere, di istruire, di dettare il passo, ma fondamentalmente l'accompagnamento spirituale è un carisma. Non è tanto una funzione, ma una paternità, una fratellanza che trova la sua radice ultima, non nella nostra organizzazione quanto nella vita dello Spirito. Certamente è insito nel dovere del sacerdote quello di accompagnare, ma ribadisco l'idea di fondo che l'accompagnamento è un carisma, che in alcuni casi si manifesta con forza e in altri si fa più fatica a riconoscerlo, e che non riguarda solo i sacerdoti ma anche i laici e le consacrate perché è un carisma del battezzato. L'esempio del laico Tyranowski è significativo per questo.

Quali doti aveva come accompagnatore spirituale la bella figura del Suo padre spirituale, padre Fiorito, di cui non molto tempo fa ha partecipato alla presentazione della raccolta degli scritti: quali doti aveva lui come accompagnatore?

Umanamente parlando, padre Fiorito non aveva nulla di affascinante. Era un uomo piuttosto schivo, riservato. Un uomo di poche parole: ascoltava, ti lasciava parlare. Poi aveva la capacità di saper indicare con chiarezza cosa veniva da Dio e cosa non veniva da Dio. Era un uomo misurato, ma di una grande profondità.

Lei presenta spesso l'immagine del sacerdote che ha addosso il profumo delle pecore, cioè che vive in continuo contatto con la gente. Tale definizione si addice a san Giovanni Paolo II?

Basta vedere la sua vita, la vicinanza con i giovani universitari, il suo impegno concreto con la gente della sua diocesi, e poi il rapporto continuo che Giovanni Paolo II ha saputo istaurare lungo il suo pontificato. Era un pastore che amava la gente e la gente lo ricambiava con un immenso amore.

Vivendo tra la gente, il sacerdote ne conosce le debolezze e le comprende. Potremmo dire che il sacerdozio trova la sua piena realizzazione nella testimonianza della misericordia?

Certamente! Ovunque c'è un cuore misericordioso, lì c'è il chiaro segno dell'azione di Dio. E il sacerdote è chiamato soprattutto a mostrare questo amore misericordioso. San Giovanni Paolo II è morto proprio nei primi vespri della festa della Divina Misericordia, festa fortemente da lui voluta, per quel legame profondo che ha sentito fin da quando era sacerdote a Cracovia, con la spiritualità di santa Faustina Kowalska.
Credo che dietro questa devozione ci sia un'indicazione grande, non solo per i sacerdoti, ma per ogni cristiano. Come ho già avuto modo di dire: "È la misericordia il nome di Dio".

IV

IL MAGISTERO DI GIOVANNI PAOLO II

Come si è detto, gli studi di Karol Wojtyła erano stati di stampo filosofico, oltre che, naturalmente, teologici e biblici. Questa prospettiva, unita alle vicende biografiche, era andata costituendo un retroterra sul quale l'esperienza di pastore si era poi sviluppata: un retroterra che, con naturalezza, innestava la cultura e la spiritualità nella concretezza di una vita quotidiana messa continuamente alla prova. Non sorprende, dunque, che i primi grandi temi che, da Papa, Giovanni Paolo II affrontò nelle encicliche e nelle esortazioni apostoliche fossero permeati da una ricca e profonda filosofia "dell'umano", una filosofia "esistenziale", alla quale il fondamento evangelico e della tradizione cristiana faceva da cartina di tornasole.

L'uomo redento da Cristo era ciò che a papa Giovanni Paolo II importava e, se ci fosse stato bisogno di una conferma in tal senso, il titolo della sua prima enciclica, sorprendente e capace di provocare reazioni sia nell'ambito ecclesiale che (forse anche di più) in quello laico, iniziava proprio in questo modo: *Redemptor hominis*, "il Redentore dell'uomo". In questa enciclica, resa nota il 15 marzo 1979, si possono già trovare tutti gli elementi che ritorneranno costantemente lungo tutti i ventisette anni del suo pontificato: la centralità di ogni cosa attorno alla figura di Cristo, l'attenzione alla dignità umana da preservare in tutte le condizioni, la lotta contro ogni tentativo ideologico, politico o economico, di ridurre la donna e l'uomo a meri oggetti, a macchine, a schiavi del consumo. La volontà, infine, di andare incontro in nome di Cristo a tutta l'umanità, gioiosa o sofferente che sia, allo scopo di portare il Vangelo fino ai confini del mondo.

L'uomo, unico e irripetibile, nella sua singolarità è, per papa Wojtyła, il centro del progetto di salvezza di Dio; e l'essere, da parte dell'uomo, responsoriale e responsabile è centrale per tutto il cammino dalla creazione alla Redenzione. Quest'uomo, poi, sebbene unico e originale nella sua individualità – che va compresa, rispettata, formata nella storia – non è però un solitario; la dimensione sociale, che comprende i tre grandi momenti della famiglia, del lavoro e della prospettiva del bene comune, è costitutiva del suo essere. *Laborem exercens* (1981), *Familiaris consortio* (1981) e *Sollicitudo rei socialis* (1987) sono tre punti fermi di una riflessione che, negli anni seguenti, andrà a declinarsi in una serie di temi che riguardano la difesa della vita in tutte le sue forme. Nella citata esortazione apostolica sul tema della famiglia, il Papa entra nel dettaglio in una serie di tematiche sensibili della vita di ogni coppia, in anni in cui il dibattito su divorzio e aborto è ancora vivissimo, soprattutto in Italia. In quella che sarà la sua grande enciclica sociale, emerge poi una profonda e originale riflessione sul lavoro e sulla giustizia, figlia della consapevolezza personale, sviluppatasi in un uomo che, prima ancora di diventare sacerdote, ha ben conosciuto sia l'esperienza del lavoro che le conseguenze delle dittature sia di destra (nazismo) che di sinistra (comunismo), vissute in prima persona.

Il secondo grande nucleo della riflessione che Giovanni Paolo II porta avanti nel suo pontificato riguarda il rapporto tra la cultura e la fede. Altre due lettere encicliche si appuntano su questo tema, che negli anni seguenti diverrà centrale anche nel dibattito tra cattolicesimo e laicismo: *Veritatis splendor* (1993) e *Fides et Ratio* (1998). In quest'ultimo testo, in particolare, il Papa tocca una serie di elementi che non si possono passare sotto silenzio, quando si parli di un dialogo concreto tra la fede e la ragione: entrambe hanno, infatti, delle esigenze proprie e irrinunciabili e, se la fede cristiana non può pretendere un'adesione cieca della ragione, pure ha le sue ragioni da proporre e attorno alle quali costruire un dialogo che, ancora, ha lo scopo di servire l'umanità dell'uomo: "*La Chiesa ha il dovere di indicare ciò che in un sistema filosofico può risultare incompatibile con la sua fede. Molti contenuti filosofici, infatti, quali i temi di Dio, dell'uomo, della sua libertà e del suo agire etico, la chiamano in causa direttamente, perché toccano la verità rivelata che essa custodisce. Quando esercitiamo questo discernimento, noi vescovi abbiamo il compito di essere 'testimoni della verità' nell'adempimento di una diaconia umile ma tenace, quale ogni filosofo dovrebbe apprezzare, a vantaggio della* recta ratio, *ossia della ragione che riflette correttamente sul vero*" (n. 85).

Questa prospettiva di riflessione e analisi sull'uomo e sul reale, se ben intesa, permette anche di comprendere una serie di scelte concrete che papa Giovanni Paolo II prese durante il proprio pontificato: le posizioni nei confronti della Teologia della liberazione latinoamericana, per esempio, con una chiara critica a chi rischiava di rendere centrale nel cristianesimo più la dialettica marxista che il criterio evangelico della croce.

Figlie di un dialogo che, pur rispettando la ragione e la sua dialettica, ribadiscono che Cristo e la Chiesa sono riferimenti fondanti per la vita del credente, furono anche le posizioni nei confronti di temi sensibili quali il sacerdozio alle donne e il celibato dei preti. Giovanni Paolo II, e poi il suo successore, Benedetto XVI, parlarono con sempre maggiore chiarezza del pericolo del relativismo nella cultura contemporanea.

Non si può concludere una riflessione sulla teologia di papa Wojtyła, senza accennare a quello che forse fu il segno più significativo, se non di tutto il suo pontificato, almeno di una parte essenziale di esso: quello che, con una frase dello stesso Pontefice, fu chiamato "spirito di Assisi". Così descrive l'evento che fu all'origine del tema, e le sue conseguenze, un testimone d'eccezione come il cardinale Etchegaray: "*Essendo stato testimone ammirato del suo germinare nel pensiero del Papa e artigiano privilegiato del suo sbocciare, oso affermare di aver sentito quel giorno battere il cuore del mondo. È bastato un breve incontro su una collina, qualche parola, qualche gesto, perché l'umanità straziata riscoprisse nella gioia l'unità delle sue origini. Quando, alla fine di una grigia mattinata, l'arcobaleno è apparso nel cielo di Assisi, i capi religiosi riuniti dall'audacia profetica di uno di essi, Giovanni Paolo II, vi hanno scorto un richiamo pressante alla vita fraterna: nessuno poteva più dubitare che la preghiera avesse provocato quel segno manifesto dell'intesa tra Dio e i discendenti di Noè. Nella cattedrale di San Rufino, quando i responsabili delle Chiese cristiane si sono scambiati la pace, ho visto le lacrime su certi volti e non dei meno importanti.*

Davanti alla basilica di San Francesco, dove, intirizzito dal freddo, ognuno alla fine sembrava serrarsi strettamente all'altro (Giovanni Paolo II era vicino al Dalai Lama), quando giovani ebrei si sono precipitati sulla tribuna per offrire rami di ulivo, in primo luogo ai musulmani, mi sono sorpreso ad asciugare le lacrime sul mio viso. [...]

L'angoscia della pace tra gli uomini e tra i popoli ci spingeva 'a essere insieme per pregare ma non a pregare insieme' *secondo l'espressione del Papa, la cui iniziativa, malgrado la sua preoccupazione di evitare ogni parvenza di sincretismo, non fu allora compresa da taluni che temevano di vedere diluirsi la loro specificità cristiana*". Sempre Etchegaray avrebbe concluso la sua riflessione con una frase che non lascia dubbi sul valore e le conseguenze dell'evento: "*Assisi ha fatto fare alla Chiesa uno straordinario balzo in avanti verso le religioni non cristiane che ci apparivano vivere fino a quel momento in un altro pianeta [...]. L'incontro, se non addirittura lo scontro delle religioni, è senza dubbio una delle sfide più grandi della nostra epoca, ancora più grande di quella dell'ateismo*".

Se la necessità di una comunione fra le diverse fedi e di una preghiera compiuta "insieme", composta attorno al tema della pace, fu forse l'espressione più forte di come il pontificato di Giovanni Paolo II guardava oltre i confini della Chiesa stessa, non si può dimenticare che, nella sua riflessione teologica, ebbe ampio spazio anche il tema della specifica devozione cristiana, in particolare quella mariana. In questo senso, preghiera e teologia in papa Wojtyła ebbero una casa comune. La devozione alla Madre di Dio non fu, infatti, per lui qualcosa di semplicemente attinente alla sfera spirituale, se vogliamo di una spiritualità astratta, ma ancora una volta fu concretissima espressione "nella storia" di un concetto che ruotava attorno alla Redenzione dell'uomo offerta in Cristo. Maria, infatti, è *Redemptoris Mater*, come titola l'enciclica del 1987. Attorno a questa restituzione cristologica della figura di Maria andrebbero ricomprese molte delle dichiarazioni del Pontefice polacco, prima e dopo l'attentato che subì e che interpretò, in seguito, alla luce di Fatima.

Padre Santo, conversando, le associazioni di idee si affollano spontaneamente. Mi viene in mente un altro punto di contatto tra Lei e papa Wojtyła. Lei viene dall'America Latina, parte del mondo che san Giovanni Paolo II ha visitato più volte e con cui ha avuto un rapporto intenso. Un rapporto che potremmo definire anche dialettico. Pensa che l'America Latina abbia amato Giovanni Paolo II?

Sì, credo proprio di sì. L'America Latina ha amato Giovanni Paolo II. Molti Paesi avevano difficoltà a comprendere come la Teologia della liberazione, che usava un'analisi marxista, rischiava di prendere la via ideologica che, in un certo senso, poteva tradire il genuino messaggio del Vangelo. Giovanni Paolo II veniva da un Paese che aveva sofferto il marxismo e aveva una grande capacità di intuire questo rischio. Si capiva allora come alcune sue precisazioni non fossero dettate da chiusure nei confronti di alcune iniziative, ma dal tentativo di voler trattenere nella genuinità del Vangelo, intuizioni e desideri leciti, che partivano dal basso, da situazioni di ingiustizia sociale, ma che avevano bisogno di essere rilette più alla luce del Vangelo che alla luce dell'analisi marxista.

Questa Sua sintonia emerge anche dalle Sue omelie del tempo di Buenos Aires. Leggendole, si nota come Lei abbia più volte approfondito i diversi documenti del Magistero di Giovanni Paolo II che venivano pubblicati durante gli anni '90 e gli inizi del 2000.

Sì, io ero percepito da molti come un conservatore. Alcuni mi guardavano in questo modo, ma semplicemente ho sempre sentito sintonia con quello che il Papa andava dicendo durante quegli anni.

Strano! Perché Lei parla della categoria del creativo, il creativo rivoluzionario, il creativo nella storia dell'Argentina. Pensa che interpretare la tradizione significhi anche far esprimere la creatività, cioè il cambiamento?

La Tradizione è tale solo se cresce. C'è una definizione molto bella del musicista Gustav Mahler, che dice che la tradizione è la garanzia del futuro, non la custodia delle ceneri. In questo senso io penso che la Tradizione sia come la radice. Tutta la radice dà nutrimento all'albero, ma l'albero è più della radice, e il frutto è più dell'albero. La Tradizione deve crescere, ma crescere sempre nella stessa direzione della radice: *Ut annis scilicet consolidetur, dilatetur tempore, sublimetur aetate – Con gli anni si consolida, con il tempo si dilata, con l'età si approfondisce* (San Vincenzo di Lérins, *ndr*).

Al di là della gratuita "percezione argentina" di conservatorismo, e al di là dell'indiscussa creatività con cui esercita il Suo ministero petrino, una delle idee madri del Suo insegnamento e della Sua pastorale, è l'attenzione alle periferie esistenziali: poveri, emarginati, migranti, malati. In questo Lei pensa di aver ulteriormente sviluppato la dottrina sociale della Chiesa?

Penso che la Chiesa ha sempre avuto questa consapevolezza e, allo stesso tempo, è cresciuta insieme con essa. Io, ad esempio, cerco di sottolineare molto la questione dei poveri. Essi sono al centro del Vangelo. La dottrina sociale della Chiesa è del Vangelo, e non di un partito. Ma c'è una frase di Giovanni Paolo II che credo sia significativa: quando studia il problema del capitalismo, parla dell'*economia sociale di mercato*. In questo senso, sembra accettare la proposta liberale di mercato, ma mette dentro la categoria del sociale. Io credo che questo sia un modo geniale di tenere insieme istanze diverse e leggerle secondo l'ottica del Vangelo.

La concezione di papa Wojtyła sulla questione sociale, che coincide con la Sua, è nata dalla comune esperienza del duro lavoro in fabbrica?

Certo, lui ha vissuto in prima persona la fatica del lavoro. Per questo, ha sempre sentito la sintonia con le istanze dei lavoratori e ha sempre concepito il lavoro come un mezzo di santificazione, di umanizzazione della società e della storia.

Ma questa risposta, che si può applicare alla lettera anche a Lei, mi fa sorgere una questione più generale e complessa: qual è il rischio maggiore nell'interpretare il Magistero di Giovanni Paolo II?

Il rischio non è nel Magistero di Giovanni Paolo II, ma in alcune interpretazioni ideologiche che si fanno del suo Magistero. E l'ideologizzazione nasce dal voler prendere solo alcuni aspetti della sua riflessione e farne degli slogan, separandoli dalla realtà, dal contesto concreto, dall'esperienza viva della gente. L'ideologia ammazza, uccide la vita, rende il Magistero un pezzo da museo, non più qualcosa di vivibile. Valorizzare il Magistero di Giovanni Paolo II significa difenderlo da ogni forma di ideologizzazione e poterne cogliere le intuizioni profetiche, che non soltanto sono ancora valide, ma hanno bisogno in questo momento di essere ulteriormente approfondite, prese sul serio, declinate secondo quello che è il nostro contesto attuale.

Istintivamente vado in cerca di altri punti di contatto e continuità del Suo Magistero con quello di Giovanni Paolo II. Quella della donna è una questione che continua ad animare molto spesso i dibattiti all'interno della Chiesa. Si cerca ancora un modo concreto per valorizzare la figura della donna all'interno del vissuto ecclesiale. Giovanni Paolo II ha dedicato la Mulieris Dignitatem *proprio a questo tema, ma è stato anche il Papa che ha chiuso in maniera definitiva la possibilità di accesso al sacerdozio per le donne. Cosa pensa a questo riguardo?*

Molto spesso, quando mi viene posta la questione del sacerdozio femminile, io dico che non soltanto sono d'accordo con Giovanni Paolo II, ma che la questione non è più in discussione, perché il pronunciamento di Giovanni Paolo II è stato definitivo. Quello che secondo me però a volte dimentichiamo, è che leggiamo la questione femminile e la questione del sacerdozio in termini funzionali, dimenticando che in termini invece di importanza, Maria ha un ruolo e una dignità superiore a quella degli apostoli. Ad esempio, tra le poche cose che mi sono fatto portare dall'Argentina dopo la mia elezione a Papa, c'è la copia di un documento di Giovanni Paolo II a me molto caro, la *Redemptoris Mater*. In questo documento, al numero 17, c'è un'espressione che mi tocca così profondamente che l'ho voluta includere nell'Esortazione *Evangelii Gaudium*. Maria è colei che sa leggere gli avvenimenti con la promessa di Dio, attraverso la luce della promessa della storia della salvezza. Ella cerca di interpretare ciò che le è successo in mezzo alle contraddizioni, alle prove, usando la luce della fede.

Giovanni Paolo II nella *Redemptoris Mater* dice che Maria ha *una particolare fatica del cuore*. Dice testualmente Giovanni Paolo II: "*La madre di quel Figlio, dunque, memore di quanto le è stato detto nell'annunciazione e negli avvenimenti successivi, porta in sé la radicale 'novità' della fede: l'inizio della Nuova Alleanza. È questo l'inizio del Vangelo, ossia della buona, lieta novella. Non è difficile, però, notare in questo inizio una parti-*

colare fatica del cuore, unita a una sorta di 'notte della fede' – per usare le parole di san Giovanni della Croce –, quasi un 'velo' attraverso il quale bisogna accostarsi all'Invisibile e vivere nell'intimità col mistero. È infatti in questo modo che Maria, per molti anni, rimase nell'intimità col mistero del suo Figlio, e avanzava nel suo itinerario di fede, man mano che Gesù 'cresceva in sapienza... e grazia davanti a Dio e agli uomini' (Lc 2,52)".

La lezione della donna è questa: la lezione di Maria. La donna è colei che riesce a fare spazio a questa fatica del cuore. È colei che insegna alla Chiesa ad attraversare la notte e a fidarsi del giorno quando ancora il giorno è lontano. Solo una donna riesce a insegnarci un amore fatto speranza.

Mi è capitato di dire a una comunità monastica femminile che l'unica lampada accesa del sepolcro è quello dell'amore pieno di speranza della madre. Infatti, quando tutti sono rassegnati alla morte di Cristo, solo le donne e soprattutto Maria sperano, attendono e diventano così le prime testimoni della resurrezione. Per questo ho voluto ad esempio che Maria Maddalena ricevesse una particolare menzione liturgica e giustamente potesse essere chiamata l'apostola degli apostoli, così come Maria nei secoli è stata riconosciuta come Madre degli apostoli. Infatti, nel testo degli Atti degli Apostoli, quando si parla della prima comunità cristiana riunita nel cenacolo si fa menzione proprio di lei, che tiene le fila della fragilità dei primi momenti di vita di una Chiesa nascente che impara ad ascoltare, a pregare, a stare in comunione. Quindi, come potrebbe la Chiesa fare a meno di un apporto così significativo? Il ruolo della donna trascende la semplice funzionalità.

Al di là della particolare questione femminile, pur tanto importante, mi sembra che occorra affrontare una questione più vasta: il fatto che l'asse della Chiesa si sia spostato più verso l'Asia, l'Africa, e non sia più prettamente europeo. Lei pensa che la Chiesa e la teologia debbano assumere categorie interpretative diverse?

Questo fa parte sempre dell'inculturazione della fede, si possono cambiare le categorie, ma la cosa che conta è che venga sempre preservata la sostanza. A volte bisogna avere il coraggio di trovare parole nuove per dire le stesse cose, per dirle meglio, perché siano capite e comprese in maniera più profonda. La teologia si rinnova non inventando cose nuove, ma trovando semplicemente modalità nuove per dire la stessa cosa. L'inculturazione non è la ricerca di una novità, ma semplicemente di un modo più efficace, rinnovato, per poter annunciare il Vangelo di sempre a quei popoli.

Nel discorso che ha tenuto alla fine dell'incontro dei vescovi sulla questione degli abusi nella Chiesa, Lei ha detto chiaramente di stare attenti a non accontentarci semplicemente delle analisi del problema, a non avere cioè una visione solo mondana delle problematiche: "Davanti a tanta crudeltà, a tanto sacrificio idolatrico dei bambini al dio potere, denaro, orgoglio, superbia, non sono sufficienti le sole spiegazioni empiriche; queste non sono capaci di far capire l'ampiezza e la profondità di tale dramma. Ancora una volta l'ermeneutica positivistica dimostra il proprio limite. Ci dà una vera spiegazione che ci aiuterà a prendere le misure necessarie, ma non è capace di darci una significazione. E noi oggi abbiamo bisogno di spiegazioni e di significazioni. Le spie-

gazioni ci aiuteranno molto nell'ambito operativo, ma ci lasceranno a metà strada".

Con questa analisi che messaggio voleva dare?

Intendevo dire che molto spesso il significato di ciò che viviamo non ce lo potranno dire i numeri, le statistiche, le analisi, e molto spesso la verità delle cose trascende le cose stesse, trascende l'analisi stessa. Noi cristiani dobbiamo sempre guardare la realtà con uno sguardo molto più profondo della semplice analisi di causa ed effetto. Se ci lasciamo aiutare da quelli che sono gli strumenti umani di introspezione di alcuni eventi, dobbiamo però sempre ricordare a noi stessi che il Signore ci parla attraverso questi eventi e che la disposizione che dobbiamo avere deve essere molto più di una semplice somma o sottrazione matematica.

Padre Santo, è vero che non basta una semplice somma o sottrazione matematica per capire la realtà. Del resto, lo stesso Giovanni Paolo II è descritto come un uomo che leggeva tutto con uno sguardo profondo, spirituale. Anzi, qualcuno lo ha persino accusato di esagerare in questa visione eccessiva-

mente profonda della realtà. Ad esempio, riguardo all'attentato, da alcuni è stato stigmatizzato il modo attraverso cui Giovanni Paolo II ha pensato che la profezia dei pastorelli di Fatima si riferisse a lui, soprattutto nell'attentato subito in piazza San Pietro nel maggio dell'81. Cosa pensa Lei di questa interpretazione?

Io penso che Giovanni Paolo II era un uomo di Dio, un uomo di preghiera. Bastava guardarlo pregare per accorgersi come riusciva a immergersi completamente nel mistero di Dio. Chi prega riesce a leggere gli eventi sempre in una maniera trascendente, non si accontenta più semplicemente dell'analisi che riesce a fare con i propri ragionamenti. Giovanni Paolo II ha mostrato quello che ho tentato di dire ai vescovi quando ho chiesto loro di lasciarsi interrogare da quello che stiamo vivendo in questo momento storico, e di domandarci che cosa il Signore vuole dirci attraverso l'esperienza della debolezza, del male, dello scandalo; in che cosa dobbiamo convertirci, che cosa dobbiamo cambiare della nostra vita? Quindi non credo che Giovanni Paolo II abbia sofferto di esagerazione, semmai sono gli altri che hanno uno sguardo eccessivamente superficiale sugli eventi della storia.

A questo proposito: cosa pensa del messaggio di Fatima? Pensa che sia ancora attuale per la Chiesa?

Ci sono messaggi e messaggi. Fatima, Lourdes sono, ad esempio, esperienze di altissima spiritualità con cui la Chiesa si è trovata a dover fare i conti, ma il più delle volte i messaggi sono locuzioni interne, così ci spiega la teologia mistica. Queste locuzioni interne sono come un ventaglio: esse vanno dalla mera ispirazione che riguarda un po' tutti noi, a quello che è un vero e proprio dialogo, appunto una locuzione che a volte può avere come meta la visione.

Ma, allora, perché consegnare un messaggio che non può essere decifrato con chiarezza?

È lo stesso sguardo che noi abbiamo ad esempio nei confronti dell'Apocalisse. A una prima lettura ci sembra di non comprendere nulla di tutta quella simbologia, di quelle storie, di quelle immagini a volte anche eccessive, eppure in ciò che ci appare oscuro man mano si fa spazio un messaggio. Penso che dovremmo avere lo stesso sguardo di fede anche davanti a questo tipo di esperienze.

Il fenomeno pastorale legato alle apparizioni mariane è qualcosa che la Chiesa non può trascurare?

Evidentemente no. In Argentina ci sono due casi abbastanza importanti. La Chiesa ha studiato anche attraverso medici, psicologi i veggenti, ma ha sentito da subito la prima responsabilità nei confronti dei fedeli, cioè per quella che io chiamo *il fatto pastorale*. Se queste locuzioni sono vere o non vere lo dirà la Chiesa con il tempo, ma certamente c'è il fatto pastorale. La gente che va lì in pellegrinaggio si confessa, passa da una vita indifferente a una vita di fede. Questo la Chiesa non può ignorarlo ed è giusto che dia il suo apporto, il suo accompagnamento, la sua parola.

Perciò, a Medjugorje ha incaricato un vescovo di occuparsi in maniera specifica di questo?

Sì, perché è evidente che, al di là di quello che potrà essere il giudizio definitivo della Chiesa su quest'esperienza di Medjugorje, il fatto pastorale è un fenomeno così grande che non può rimanere indifferente alla cura della Chiesa.

Gli stessi criteri interpretativi valgono anche per l'esperienza del male? Molte volte abbiamo sentito che Lei ha parlato chiaramente dell'esperienza del male come di un'esperienza concreta, non semplicemente suggestiva, psicologica dell'uomo, intendendo il male come un ente efficiente che agisce nella storia, che agisce contro ogni uomo senza eccezione. Paolo VI diceva che il fumo di Satana era persino riuscito a entrare nella Chiesa. Secondo Lei qual è il vero scopo del male?

Distruggere. E tutti noi ne facciamo esperienza, anche quelli che dicono di no, se guardano bene la propria storia si accorgono che è così. Tutti noi facciamo esperienza del male. Basta guardare i grandi personaggi della Bibbia, tutti sono caduti nonostante la loro saggezza, nonostante la loro apparente lealtà. Quello che all'inizio può sembrare un bene, a un certo punto si trasforma in male perché subentrano l'orgoglio, la superbia, le ferite, il dolore. Pensiamo alla sensualità, alla dipendenza, alla mancanza di libertà, all'attaccamento al denaro. Il male è bugiardo, è seduttore e porta sempre alla distruzione dell'uomo.

In ogni epoca storica il male si è manifestato in diverse maniere. Secondo Lei, in questo momento storico qual è la modalità più specifica attraverso cui il male si fa presente e agisce?

Una di queste è la teoria del Gender. Voglio però subito precisare che dicendo questo non mi sto riferendo a coloro che hanno un orientamento omosessuale. Il *Catechismo della Chiesa Cattolica* ci invita anzi ad accompagnare e a prenderci cura pastorale di questi fratelli e di queste sorelle. Il mio riferimento è più ampio e riguarda una pericolosa radice culturale. Essa si propone implicitamente di voler distruggere alla radice quel progetto creaturale che Dio ha voluto per ciascuno di noi: la diversità, la distinzione. Far diventare tutto omogeneo, neutrale. È l'attacco alla differenza, alla creatività di Dio, all'uomo e la donna. Se io dico in maniera chiara questa cosa, non è per discriminare qualcuno, ma semplicemente per mettere in guardia tutti dalla tentazione di cadere in quello che è stato il progetto folle degli abitanti di Babele: annullare le diversità per cercare in questo annullamento un'unica lingua, un'unica forma, un unico popolo. Questa apparente uniformità li ha portati all'autodistruzione perché è un progetto ideologico che non tiene conto della realtà, della vera diversità delle persone, dell'unicità di ognuno, della differenza di ognuno. Non è l'annullamento della differenza che ci renderà più vicini, ma è l'accoglienza dell'altro nella sua differenza, nella scoperta della ricchezza nella differenza. È la fecondità presente nella differenza che fa di noi degli esseri umani a immagine e somiglianza di Dio, ma soprattutto capaci di accogliere l'altro per ciò che è e non per ciò in cui lo vogliamo trasformare. Il cristianesimo ha sempre dato priorità al fatto più che alle idee. Nel Gender si vede come un'idea vuole imporsi sulla realtà e questo in maniera subdola. Vuole minare alle basi l'umanità in tutti gli ambiti e in tutte le declinazioni educative possibili, e sta diventando un'imposizione culturale che più che nascere dal basso è imposta dall'alto da alcuni Stati stessi come unica strada culturale possibile a cui adeguarsi.

Anche nella Chiesa c'è la tentazione di non tenere in conto del valore della differenza. Invece il dialogo ecumenico parte dal presupposto che l'unità non è mai a scapito della diversità. È in questa direzione che dobbiamo leggere il suo gesto di regalare al patriarca Bartolomeo le reliquie dell'apostolo Pietro?

Quel gesto non è stato propriamente un gesto mio. Mi spiego bene: quando ogni domenica vado a recitare l'Angelus dalla finestra del palazzo Apostolico, mi fermo sempre in cappella a venerare le reliquie che sono lì presenti nella cappella. È nato dentro di me come un pensiero: "*Ma se io donassi queste reliquie come segno di amicizia e di unità al mio fratello Bartolomeo...*". Ma non ho dato subito ascolto a questa voce. Ma quella domenica specifica ho sentito chiaro e forte dentro di me che dovevo farlo e, quando ho incontrato il vescovo Giobbe nella basilica di San Pietro, mentre pregavamo davanti alla tomba dell'Apostolo, ho avuto come una sorta di illuminazione, una chiarezza interiore. Gli ho detto: "*Tu cosa fai dopo questo nostro incontro?*". Lui mi ha risposto: "*Vado a casa*". Allora io gli ho detto: "*Vieni con me, devo darti una cosa*". Ho preso le reliquie e gliele ho consegnate. Sinceramente non pensavo a quello che sarebbe accaduto subito dopo. Il vescovo Giobbe ha chiamato il patriarca Bartolomeo, che ha pianto dall'altra parte del telefono e ha accolto l'arrivo delle reliquie con una grande celebrazione. La mia non era una strategia per accaparrare la benevolenza dei nostri fratelli ortodossi, ma è stata più l'obbedienza a una voce interiore che ho ascoltato in quel momento. Il dialogo ecumenico e la ricerca dell'unità sono tra le priorità del successore di Pietro.

A proposito di differenza e di dialogo, oltre a quello ecumenico c'è anche il dialogo interreligioso. Qual è il Suo rapporto con il popolo ebraico, il popolo da cui viene Gesù?

Io distinguo tre cose rispetto al popolo ebraico. Innanzitutto, è il popolo eletto. Paolo lo dice chiaramente. Ciascuno di noi deve sentirsi profondamente in comunione con il popolo eletto. Nessuno di noi può tollerare un atto di antisemitismo, non soltanto perché è disumano, ma perché ci tocca nella nostra radice più profonda. La seconda cosa è lo Stato di Israele che va riconosciuto perché ne ha diritto. La terza cosa è il governo che negli anni amministra lo Stato di Israele. Questa terza cosa fa parte della storia degli uomini e, in quanto storia degli uomini, appartiene alla dialettica umana come ogni governo politico. Ma in definitiva, l'amicizia e la stima che ci legano al popolo ebraico è un'amicizia e una stima che affonda le sue radici proprio nell'identità più vera della nostra fede. A questo proposito, Giovanni Paolo II e Benedetto XVI, e prima di loro Paolo VI, hanno dato una chiara testimonianza di apertura, di comunione e in alcuni casi anche di pentimento per il male ingiustamente arrecato al popolo ebraico nel corso della storia.

Santità, e riguardo al dialogo interreligioso con l'Islam cosa pensa?

Il Concilio Vaticano II dedica un paragrafo nella Dichiarazione sulle relazioni della Chiesa con le religioni non cristiane: *Nostra Aetate*. Sono anch'essi fratelli nostri, figli della stessa radice di Abramo. Proprio seguendo il Concilio credo che sia giusto lavorare sempre per una mutua comprensione. Molte volte l'inimicizia nasce dall'ignoranza. Ma un autentico cammino di dialogo può aiutarci a promuovere insieme giustizia sociale, valori morali, pace e libertà. In questa luce è nato il "Documento sulla fratellanza umana per la pace mondiale e la convivenza comune" firmato da me ad Abu Dhabi nel febbraio del 2019 insieme al Grande Imam di Al-Azhar Ahmad Al-Tayyeb. Ricordo che quando mi trovavo in macchina, l'autista mi ha fatto notare lungo la strada una moschea che portava il nome di Maria, la Madre di Gesù. Sono questi piccoli dettagli che diventano una grande forza quando si vuole camminare insieme. Nel dialogo tra le religioni, il dialogo non avviene tra le religioni stesse, cioè tra le istanze teologiche, ma tra gli uomini. Unire insieme la voce, per la pace, il dialogo, la giustizia e i diritti dei più poveri, credo che sia un frutto buono del dialogo con l'Islam.

V

DALLA "CROCIFISSIONE" ALLA MORTE, DALLA SANTITÀ ALL'EREDITÀ

Non è superficiale affermare che Giovanni Paolo II abbia avuto un legame particolare con la sofferenza. Fin dalla sua giovinezza, lo abbiamo visto, egli ha sofferto: orfano, in guerra, nascosto per evitare l'arresto durante il regime nazista... La sua immagine di uomo forte, sportivo, camminatore amante della montagna si è scontrata più volte con quella dell'uomo ferito, malato.

Scherzando ebbe a dire una volta ai giornalisti: "*Quando voglio sapere qualcosa sulla mia salute apro i giornali*". Qualcuno ha contato, tra malattie, incidenti, operazioni, ricoveri e giorni di degenza oltre centosessanta eventi, alcuni notissimi, altri meno, come i dodici giorni di ricovero a Cracovia, quando Karol aveva ventiquattro anni e, mentre usciva dalla fabbrica dove lavorava, fu investito da un furgone. Da allora, nessun altro ricovero, fino al drammatico 13 maggio 1981, quando, in seguito all'attentato in piazza San Pietro da parte di Alì Agca, fu portato d'urgenza al Policlinico Gemelli. Da quel momento, fino alla fine della sua vita, papa Giovanni Paolo II ha vissuto altre nove degenze, l'ultima conclusasi con una tracheotomia, il 24 febbraio 2005.

Negli ultimi anni del pontificato si erano manifestati, nel frattempo, i segni di un'invalidità progressiva: fin dal 1994 si era cominciato a parlare di Parkinson a suo riguardo e, dal 1996, anche gli ambienti vaticani avevano smesso di negare l'avanzare di quella malattia che, popolarmente, veniva più semplicemente definita "la malattia del Papa". Il forte tremore alla mano portò persino all'uso di una specie di leggio mobile, poggiato sui braccioli della sua poltrona, col quale i fogli dei discorsi venivano tenuti fermi.

Ad aggravare il tutto, dal febbraio 2002, vi furono anche le conseguenze di un'artrosi che lo colpì gravemente soprattutto al ginocchio destro. Gli ultimi due anni di pontificato restano nella memoria di tutti per quella progressione violenta del male e per la scelta di una "totale esposizione" dello stesso, con il Papa che divenne vera e propria icona di un uomo che, come capita alla gran parte di noi, portava nel suo corpo i segni della fragilità della vita. Egli, d'altronde, aveva dichiarato già nell'Angelus del 19 maggio 1994, un mese dopo la frattura del femore dovuta a una caduta in bagno: "*Vorrei che, attraverso Maria, sia espressa oggi la mia gratitudine per questo dono della sofferenza nuovamente collegato con il mese mariano di maggio. Voglio ringraziare per questo dono. Ho capito che è un dono necessario. [...] Ho capito che devo introdurre la Chiesa di Cristo in questo Terzo Millennio con la preghiera, con diverse iniziative, ma ho visto che non basta: bisognava introdurla con la sofferenza, con l'attentato di tredici anni fa e con questo nuovo sacrificio. [...] Appunto perché la famiglia è minacciata, la famiglia è aggredita. Deve essere aggredito il Papa, deve soffrire il Papa, perché ogni famiglia e il mondo vedano che c'è un Vangelo, direi, superiore: il Vangelo della sofferenza, con cui si deve preparare il futuro...*".

Uno dei momenti più alti del periodo che precedette gli ultimi giorni, rimane negli occhi di tutti, ed è il pellegrinaggio che papa Giovanni Paolo II fece a Lourdes, il 14 e 15 agosto 2004. Quello che divenne il simbolo del pellegrinaggio di una vita intera, non poteva che avvenire nel luogo in cui milioni di sofferenti, ogni anno, si recano a pregare e dove Maria, la Madre del Redentore, ha lasciato uno dei segni più grandi del proprio amore materno per l'umanità. Se il proiettile dell'attentato che egli subì è conservato a Fatima, il dolore fisico del Papa è scolpito nelle pietre di Lourdes, come egli stesso ha confermato, nell'ultima preghiera alla Grotta di Massabielle: "*Inginocchiandomi qui sento con emozione di aver raggiunto la meta del mio pellegrinaggio*".

I due mesi che portarono, dalla fine di gennaio 2005 all'inizio di aprile, alla conclusione della vita di Giovanni Paolo II restano, a distanza di quindici anni, indimenticabili per chi li ha vissuti vicino a lui o, più da lontano, grazie all'accompagnamento che i media diedero, quasi ininterrottamente, a quei sessanta giorni, caso unico nella storia stessa dell'umanità.

Il quadro clinico si era già complicato alla fine di gennaio, quando si era manifestata una laringotracheite acuta. Ricoverato al Gemelli, il Papa era stato sottoposto a terapie respiratorie e poi era rientrato in Vaticano. Ma il 10 febbraio, la problematica respiratoria si era ripresentata. Nuovo ricovero, che obbligò alla già citata tracheotomia. Il 13 marzo, Giovanni Paolo II rientrava nuovamente in Vaticano. Secondo quanto riportato negli *Acta Apostolicae Sedis*, i documenti ufficiali della "cronaca" vaticana, "*il Papa rientrava in Vaticano alle ore 18,40 circa [...]. Appena rientrato nel suo appartamento, si recava in cappella per la recita delle Lamentazioni, che in lingua polacca commemorano la Passione del Signore. L'assistenza di guardia medica era costantemente assicurata da un'équipe vaticana complessivamente composta da dieci medici rianimatori, da specialisti di cardiologia, di otorinolaringoiatria e di medicina interna, coadiuvati da quattro infermieri professionali, sotto la direzione del medico personale di Sua Santità. Era stata attivata una completa attrezzatura e strumentazione per ogni esigenza tecnica. Nei giorni successivi proseguiva la lenta ripresa delle condizioni di salute, resa difficile dalla deglutizione molto difficoltosa, dalla fonazione assai stentata, dal deficit nutrizionale e dalla notevole astenia. Domenica 20 marzo e mercoledì 23 il Santo Padre compiva un'apparizione alla finestra del suo studio, muta, limitandosi alla benedizione con la mano destra*".

La domenica 20 e il mercoledì 23 marzo, con sorpresa di tutti e con manifesta sofferenza, Giovanni Paolo II si affacciò brevemente alla finestra del suo studio, senza parlare, limitandosi a benedire i fedeli sempre più numerosi, in lacrime e in preghiera. La domenica seguente era Pasqua. Si presentò una folla straripante sotto la finestra delle udienze, in piazza San Pietro: il Papa non deluse coloro che erano venuti a cercarlo e restò per più di dieci minuti dinanzi alla finestra aperta. In mano aveva i fogli del saluto che il cardinale Sodano leggeva ad alta voce in vece sua.

Giovanni Paolo II fece uno sforzo per pronunciare le parole della Benedizione Apostolica, ma senza riuscirvi; allora, in silenzio, benedisse Roma e il mondo, nell'ultima sua Pasqua.

Per il racconto degli ultimi istanti della sua vita, che ormai si erano fatti prossimi, lasciamo la parola al ricordo che ne hanno fatto alcuni di coloro che vissero quegli attimi accanto a lui, monsignor Stanislaw Dziwisz, in primis:

"*Sapendo che per lui si stava approssimando il tempo di passare all'eternità, d'accordo con i medici aveva deciso di non recarsi all'ospedale ma di rimanere in Vaticano, dove aveva assicurate le indispensabili cure mediche. Voleva soffrire e morire a casa sua, rimanendo presso la tomba dell'apostolo Pietro.*

L'ultimo giorno della sua vita – sabato 2 aprile – si congedò dai suoi più stretti collaboratori della Curia romana. Presso il suo capezzale continuava la preghiera, a cui partecipava, nonostante la febbre alta e un'estrema debolezza. Nel pomeriggio, a un certo momento disse: 'Lasciatemi andare alla casa del Padre'. Verso le ore 17.00 furono recitati i primi Vespri della seconda domenica di Pasqua, cioè della domenica della Divina Misericordia. Le letture parlavano della tomba vuota e della Risurrezione di Cristo, ritornava la parola: 'Alleluia'. Al termine fu recitato l'inno Magnificat *e la* Salve Regina. *Il Santo Padre più volte abbracciò con lo sguardo i presenti del suo più stretto ambiente e i medici che vegliavano accanto a lui. Dalla piazza San Pietro, dove si erano radunate migliaia di fedeli, specialmente di giovani, giungevano le grida: 'Giovanni Paolo II' e 'Viva il Papa!'. Udiva quelle parole. Sulla parete di fronte al letto del Santo Padre era appesa in un quadro l'immagine di Cristo sofferente, legato con le corde: l'*Ecce Homo, *che con lo sguardo egli fissava* *continuamente durante la sua malattia. Gli occhi del Papa che si stavano spegnendo si posavano anche sull'immagine della Madonna di Częstochowa. Su un tavolino, la foto dei suoi genitori.*

Verso le ore 20.00, accanto al letto del Papa morente, monsignor Stanislaw Dziwisz presiedette la celebrazione della santa Messa della domenica della Divina Misericordia. Concelebrarono: il cardinale Marian Jaworski, monsignor Stanislaw Ryłko, monsignor Mieczysław Mokrzycki e padre Tadeusz Styczeń. All'Eucaristia parteciparono il dottor Renato Buzzonetti, i suoi collaboratori e le suore Ancelle del Sacro Cuore della Casa Pontificia.

Le parole del Vangelo di san Giovanni risuonarono in modo commovente: 'Venne Gesù, si fermò in mezzo a loro e disse: Pace a voi!', come anche le parole della preghiera universale: 'Signore Gesù, vieni per farci udire quella Tua promessa fatta nel cenacolo: Pace a voi! In questo momento abbiamo tanto bisogno della Tua presenza'.

Prima dell'offertorio, il cardinale Marian Jaworski amministrò ancora una volta al Santo Padre l'Unzione degli Infermi, e durante la Comunione monsignor Dziwisz gli diede il Sangue Santissimo come Viatico, conforto sul cammino verso la vita eterna. Dopo qualche tempo le forze cominciarono ad abbandonare il Santo Padre. Nella mano gli era stata posta una candela benedetta accesa. Alle ore 21.37 Giovanni Paolo II lasciò questa terra. I presenti cantarono il Te Deum. *Con le lacrime agli occhi rendevano grazie a Dio per il dono della persona del Santo Padre e per il suo grande pontificato".*

Santità, come ha vissuto la malattia di Giovanni Paolo II? Mi chiedo come possa essere rimasto lì, continuando a portare il peso del papato in una condizione fisica così precaria?

È stata un'azione di abbassamento totale, sembrava realizzarsi in lui ciò che la Lettera ai Filippesi dice di Gesù: "*Abbassò se stesso fino al nulla, fino all'umiliazione liberamente scelta*" (cfr Fil 2,5-11).

Giovanni Paolo II è stato un uomo libero, fino alla fine e, anche nell'immensa debolezza che ha vissuto, sono certo che ha sempre mantenuto una grande lucidità e una grande consapevolezza di quello che stesse vivendo la Chiesa. Forse alcune situazioni di difficoltà ne hanno aumentato il dolore, ma sono certo che egli è stato Papa fino all'ultimo respiro della sua vita, senza tentennamenti. La sua è stata una testimonianza straordinaria, fino alla croce. Era quello che il Signore domandava in quel momento specifico a lui.

Santità, Lei ha condiviso con noi il ricordo dell'elezione di Giovanni Paolo II. Ricorda anche dove si trovava quando è stato raggiunto dalla notizia della sua morte?

Sì, ricordo anche questo. Ero ancora una volta in viaggio, in un bus, andavo in una baraccopoli nella periferia di Buenos Aires. È lì che mi ha raggiunto la notizia, ed è lì che abbiamo pregato appena sono sceso dal bus con la gente del posto. Insieme a quella povera gente abbiamo celebrato l'Eucarestia ricordando lui.
Ricordo anche un fatto scherzoso che mi è accaduto proprio in quella circostanza: una vecchia signora mi si è avvicinata e mi ha detto: "*Se La eleggono Papa si compri un cagnolino e*

prima di mangiare faccia assaggiare al cagnolino" (ride di cuore, *ndr*).

Per la beatificazione di Giovanni Paolo II, Lei tenne un'omelia dal titolo Non abbiate paura della gioia. *In questo testo esorta a non avere paura, seguendo l'esempio di papa Giovanni Paolo II, e soprattutto a non avere paura della gioia. Santità, si può avere paura della gioia?*

Sì, perché quando tu fai qualcosa pensando alla gioia rischi la delusione e se tu ti accorgi di questo rischio senti la paura di gioire. Gioire è una scelta, è una decisione che nasce da una fede profonda in qualcuno che ci ha amati e che ha sempre pensato al bene della nostra vita.

La gioia sembra essere la parola chiave del suo pontificato.

La maggior parte dei miei documenti inizia con la parola gioia, perché penso che la gioia sia la caratteristica più importante dell'incontro con Gesù risorto.

Misericordia e gioia sembrano anche le parole chiave del pontificato di Giovanni Paolo II.

Io ho imparato da Lui.

Santità, mi piace ricordare le parole che Lei ha usato nell'omelia di canonizzazione di san Giovanni XXIII e san Giovanni Paolo II:

"San Giovanni XXIII e san Giovanni Paolo II hanno avuto il coraggio di guardare le ferite di Gesù, di toccare le sue mani piagate e il suo costato trafitto. Non hanno avuto vergogna della carne di Cristo, non si sono scandalizzati di Lui, della sua croce; non hanno avuto vergogna della carne del fratello (cfr Is 58,7), perché in ogni persona sofferente vedevano Gesù. Sono stati due uomini coraggiosi, pieni della parresia dello Spirito Santo, e hanno dato testimonianza alla Chiesa e al mondo della bontà di Dio, della sua misericordia.

Sono stati sacerdoti, e vescovi e papi del XX secolo. Ne hanno conosciuto le tragedie, ma non ne sono stati sopraffatti. Più forte, in loro, era Dio; più forte era la fede in Gesù Cristo Redentore dell'uomo e Signore della storia; più forte in loro era la misericordia di Dio che si manifesta in queste cin-

que piaghe; più forte era la vicinanza materna di Maria.

In questi due uomini contemplativi delle piaghe di Cristo e testimoni della sua misericordia dimorava 'una speranza viva', insieme con una 'gioia indicibile e gloriosa' (1Pt 1,3.8). La speranza e la gioia che Cristo risorto dà ai suoi discepoli, e delle quali nulla e nessuno può privarli. La speranza e la gioia pasquali, passate attraverso il crogiolo della spogliazione, dello svuotamento, della vicinanza ai peccatori fino all'estremo, fino alla nausea per l'amarezza di quel calice. Queste sono la speranza e la gioia che i due santi Papi hanno ricevuto in dono dal Signore risorto e a loro volta hanno donato in abbondanza al Popolo di Dio, ricevendone eterna riconoscenza".

Aveva mai pensato un giorno di essere Lei il Papa che avrebbe proclamato la santità di questi due grandi Papi?

Ovviamente non c'avevo mai pensato, ma quel giorno mi mancava ancora il terzo, Paolo VI. Mancava il miracolo (sorride, *ndr*). Ma ho avuto la gioia di farlo dopo.

Che cosa Le è rimasto più impresso di Giovanni Paolo II, soprattutto della santità di quest'uomo?

È stato un grande! Io ricordo una volta qui a Roma, era sabato, e si pregava il Rosario. Ho partecipato al Rosario, rimanendo edificato nel vedere quest'uomo in ginocchio a pregare la Madonna, con una devozione e un'intensità che mi ha fatto tanto bene al cuore.

Per questo, ho voluto fare anch'io delle dichiarazioni al processo di canonizzazione e, proprio in quella circostanza, ho sottolineato la profonda devozione alla Madonna, la profonda testimonianza di preghiera, di tenerezza, di normalità. Non dobbiamo dimenticare che quest'uomo, finché ha potuto, non ha smesso di praticare lo sport, di nuotare, di sciare. Si racconta che una volta andando a sciare di nascosto, un bambino lo ha riconosciuto e ha gridato: *il Papaaaa*. Ma questo non lo ha scoraggiato a tornare più e più volte.

Penso che la grandezza di quest'uomo sia nascosta nella sua normalità. Ci ha mostrato che il cristianesimo abita la normalità di una persona che vive in una comunione profonda con

Cristo. Per questo ogni suo gesto, ogni sua parola, ogni sua scelta hanno sempre un valore molto più profondo e lasciano il segno.

Giovanni Paolo II è stato un Papa slavo, proveniente da un Paese al di là della cortina di ferro, Lei viene dall'America Latina, dall'altra parte del mondo. Anche nella scelta dei nuovi cardinali che in questi anni ha creato, tutti hanno notato un'ulteriore crescita nella internazionalizzazione del Collegio cardinalizio. Alcuni pensano che la Chiesa stia maturando in questo momento storico la possibilità di un Papa che venga da una parte inaspettata del mondo. Da primo Papa latinoamericano, Lei pensa che la Chiesa sia pronta per avere un Papa che venga dall'Asia o dall'Africa?

Ho letto da qualche parte un articolo di un uomo che faceva un'analisi sulla Chiesa attuale e proprio parlando di me diceva testualmente: "*Non so come è emerso quest'uomo*". Mi verrebbe da dire che nemmeno io lo so, perché è sempre lo Spirito Santo a intervenire in certe scelte. Credo che sia giusto che lo Spirito Santo possa continuare a stupirci.

Si sente protetto da san Giovanni Paolo II, dai tre papi che Lei ha avuto la gioia di proclamare santi?

Io credo che do loro molto lavoro e alcuni di loro penseranno: "*Questo ragazzo si mette troppo nei guai*"! (sorride, *ndr*). Soprattutto penso a Paolo VI, che io amo tanto, e che forse sogna per me un po' più di prudenza; ma in generale mi sento davvero accompagnato e protetto dal loro grande esempio e dalla loro immensa testimonianza di fronte alla quale io mi sento davvero piccolissimo, semplicemente un peccatore perdonato.

INDICE

Stampa: Elcograf SpA - Bergamo